ZEIT ⬛ MAGAZIN

DAS WAR MEINE RETTUNG

ZEIT MAGAZIN

DAS WAR MEINE RETTUNG

50 Persönlichkeiten erzählen von Wendepunkten in ihrem Leben.

⇒→

**HERLINDE KOELBL
IJOMA MANGOLD
LOUIS LEWITAN**

INHALT

➵

VORWORT
»Das war meine Rettung«
9

FERRAN ADRIÀ
»Mit siebzehn Jahren war ich weg«
12

NADINE ANGERER
»Meine Trainerin ließ mich links liegen«
16

NOBUYOSHI ARAKI
»Die Kamera hält mich am Leben«
20

GABRIEL BACH
»Mein Vater hatte den sechsten Sinn«
24

LOUIS BEGLEY
»Sie fand den Weg aus dem Labyrinth«
28

KARIN BEIER
»Meine Tochter hat alle Prioritäten verschoben«
32

NORBERT BISKY
»Ich bin davon besessen, Kontrolle über mein Leben zu haben.«
36

THOMAS »TOIVI« BLATT
»Die Kugel blieb in meinem Kiefer stecken«
40

MICHAEL BLUMENTHAL
»Der Vizekonsul gab mir ein Visum für die USA«
44

PHILIPPE POZZO DI BORGO
»Ich brauchte einen irren Typen wie Abdel«
48

MATTHIAS BRANDT
»Wir fanden eine Nähe, die anders war«
52

INHALT

SIBYLLE CANONICA
»Mich können nur die Engel retten …«
56

JULIA FISCHER
»Ich werde Yakov bei mir behalten«
60

AMELIE FRIED
»Bevor ich zur Mörderin werde, schreibe ich«
64

GUNTER GABRIEL
»Eine Prostituierte fing mich auf«
68

RALPH GIORDANO
»Der Blick meines Bruders hielt mich davon ab, abzudrücken«
72

NADINE GORDIMER
»Seit ich neun Jahre alt war, schreibe ich«
76

AXEL HACKE
»Ich bekam einen Hörsturz«
80

JOSEF HADER
»Ich habe mich von der katholischen Erziehung gelöst«
84

ROMAN HERZOG
»Man lebt von der Loyalität der anderen«
88

DIETER HILDEBRANDT
»Ihretwegen habe ich aufgehört«
92

CLAUS HIPP
»Der Betrieb war meine Kinderstube«
96

WOLFGANG ISCHINGER
»Kollegen sagten: Uns ist das Gleiche passiert«
100

WLADIMIR KAMINER
»Ich bin getürmt und habe mich krankgemeldet«
104

SUNG-JOO KIM
»Ich bewahre absolute Ruhe«
108

INHALT

JOHANN KÖNIG
»Ich habe mich total in die
Arbeit geworfen«
112

FRANZ XAVER KROETZ
»Sie wollte mich und das Baby«
116

KATJA KULLMANN
»Ich hab wenig gegessen und
Kontakte gepflegt«
120

**ILDIKÓ
VON KÜRTHY**
»Meine Freundin sagte:
Atme weiter!«
124

JOHANN LAFER
»Ich habe gemerkt, mein
Körper lebt noch«
128

VERA LENGSFELD
»Ich las meine Stasiakten und
schrieb das Buch«
132

SIBYLLE LEWITSCHAROFF
»Die Straßenbahn
fuhr in den Himmel«
136

**MARIO
VARGAS LLOSA**
»Mein Vater verbot mir,
zu schreiben«
140

MARGARETE MITSCHERLICH
»Ich machte eine
kleine Kopfbewegung«
144

**ARMIN
MUELLER-STAHL**
»Fiktive Dialoge
mit dem Politbüro«
148

JOHN NEUMEIER
»Man muss Sympathie für
den Körper haben«
152

HERMANN NITSCH
»Ich bin Wiener und habe
getrunken«
156

CHRISTINE NÖSTLINGER
»Manchmal muss man eben
in Therapie gehen«
160

INHALT

KENZABURŌ ŌE
»Ohne den Schmerz hätte
ich nicht geschrieben«
164

THOMAS QUASTHOFF
»Mein Chef nahm alles auf
seine Kappe«
168

EDZARD REUTER
»Meine Mutter vermittelte mir:
Ertrag das«
172

CHRISTIANE ZU SALM
»Die haben mir alle den Vogel
gezeigt«
176

**FERDINAND
VON SCHIRACH**
»Mein Beruf war eine
Art Rettung«
180

CORNELIA SCHLEIME
»Ich sagte, ich trete in den
Hungerstreik«
184

DANIEL SHECHTMAN
»Meine Stärke rührt aus der
Kindheit«
188

MARTIN SUTER
»Für meine kleine Tochter lebt
ihr Bruder noch«
192

MICHAEL TRIEGEL
»Der Altar zwang mich fast
zum Kniefall«
196

JAN VOGLER
»Die Wende kam, als es
gefährlich wurde«
200

ANNE WEBER
»Der Wind fegte alle Bitterkeit weg«
204

ANGELA WINKLER
»Meine Mutter hat sehr geholfen«
208

VORWORT
»Das war meine Rettung«

⇉

Die letzte Seite eines Magazins umgibt etwas Magisches: Denn obwohl sie ganz hinten versteckt liegt, ist sie für viele Leser der wahre Einstieg, die erste Seite, die sie aufschlagen. Erst die Titelseite anschauen, dann das Heft von hinten aufblättern und rückwärts lesen – hobbypsychologisch betrachtet kann man sagen: nicht obwohl, sondern weil die letzte Seite so versteckt liegt, ist sie so beliebt.

Als wir im Frühjahr 2007 das ZEITmagazin nach mehreren Jahren Pause wiederaufleben ließen, starteten wir auf der letzten Seite die Interviewreihe »Auf eine Zigarette mit Helmut Schmidt«. Jede Woche befragte ZEIT-Chefredakteur Giovanni di Lorenzo den ZEIT-Herausgeber Helmut Schmidt zu aktuellen und persönlichen Themen. Die Serie war schnell so beliebt, dass sie mehrfach verlängert und schließlich auch als Buch ein Bestseller wurde. Anschließend führte der Journalist und Schriftsteller Roger Willemsen, der als Interviewer der legendären Fernsehsendung »0137« in den neunziger Jahren bekannt geworden war, Gespräche mit interessanten Zeitgenossen. Als auch diese Reihe auslief, waren wir ratlos: Was sollte jetzt noch kommen?

Das war der Anlass zu einem gemeinsamen Mittagessen im Berliner Café Einstein mit mehreren Kollegen. Tanja Stelzer, Matthias Kalle, Wolfgang Büscher, Stephan Lebert und ich saßen also zusammen und dachten bei Wiener Schnitzel und Salat gemeinsam nach. Über ein paar Dinge waren wir uns schnell einig: Es sollten weiterhin Interviews geführt werden, vielleicht von mehreren Interviewern. Persönliche Themen sollten der Leitfaden sein, man sollte etwas über den Interviewten erfahren, was man noch nicht wusste – und im Idealfall Anregungen bekommen für das eigene Leben. Aber mit welchem Zugang? Es wurde ein langes Mittagessen, bis irgendwann der Satz fiel: »Das war meine Rettung«. Ja, jubelten wir, das ist es. Frau Kellnerin, die Rechnung bitte.

In den folgenden Tagen gewannen wir drei exzellente Autoren für die Reihe. Herlinde Koelb, die als Fotografin ebenso bekannt ist wie für ihre Gespräche, etwa durch ihr Buch »Spuren der Macht«, Louis Lewitan, den Coach und Psychologen, der gerade einen Gesprächsband veröffentlicht hatte, sowie Ijoma Mangold, den Kollegen aus dem Feuilleton, der in diesen Tagen von der »Süddeutschen Zeitung« zur ZEIT gewechselt war und dessen Interviews wir seit langem schätzten. Was sollte jetzt noch schief gehen? So ziemlich alles.

Die drei Autoren, unterstützt von den ZEITmagazin-Redakteuren Christine Meffert und Jörg Burger, bekamen von möglichen Gesprächspartnern eine Absage nach der nächsten: »Zu persönlich« sei dieses Thema, hieß es, die Rettung, die man erlebt habe, sei »zu heikel«, um wirklich darüber zu reden. Wir waren so verzweifelt, dass wir sogar kurzzeitig überlegten, den Titel der Reihe zu ändern. Dann sagte auch noch ein berühmter Schriftsteller aus Süddeutschland, der sich gerne in der »Bunten« interviewen lässt, ab – mit der Begründung, das Thema sei ihm »zu nahe an Bunte«.

Es ist der Geduld und Zähigkeit von Herlinde Koelbl, Louis Lewitan und Ijoma Mangold sowie dem Fotografen Stefan Nimmesgern und der Kollegin Lara Fritzsche zu verdanken, dass Sie, lieber Leser, heute dieses Buch in den Händen halten.

Nun ist das Erfinden von Kolumnen und Serien im Journalismus eine merkwürdige Sache. Vor Veröffentlichung eines neuen Formats weiß man nie, ob es auf Dauer funktioniert. Wie oft gibt es scheinbar geniale Ideen, die nach wenigen Folgen öde werden, ohne dass es jemand vorausgesehen hätte. »Das war meine Rettung« gehört zur zweiten Kategorie: Eine schwere Geburt mit einem langen Leben, nun auch als Buch, dass ich Ihnen hier präsentieren darf. Auch nach drei Jahren schlagen viele ZEITmagazin-Leser die magische letzte Seite zuerst auf, um zu erfahren, wer gerettet wurde – und wie. Und ich bin ziemlich sicher, dass auch der Schriftsteller aus Süddeutschland zu diesen Lesern gehört.

CHRISTOPH AMEND
ZEITmagazin-Chefredakteur, im August 2012

FERRAN ADRIÀ
»Mit siebzehn Jahren war ich weg«

FERRAN ADRIÀ, EINER DER BERÜHMTESTEN KÖCHE DER WELT, ÜBER SEINEN FRÜHEN AUSZUG VON ZU HAUSE UND SEINE BERUFLICHE PAUSE

29. September 2011
Das Gespräch führte Louis Lewitan
Foto von Francesco Guillamet

Herr Adrià, Sie haben drei *Michelin*-Sterne und zählen zu den weltweit besten Köchen. Was haben Sie als Kind gern gegessen?
Pommes!

Das hört sich ganz normal an.
Ich war ein ganz normales Kind mit einer normalen Familie und führte ein normales Leben. Sie werden nichts Seltsames in meiner Kindheit finden. Ich habe meinen Eltern keine Probleme bereitet, auch nicht in der Pubertät. Und mit siebzehn Jahren war ich weg.

Warum sind Sie so früh ausgezogen?
Weil ich Urlaub auf Ibiza machen wollte. Dafür brauchte ich Geld und fand Arbeit als Tellerwäscher. So habe ich in der Gastronomie angefangen und war zum ersten Mal frei. Das ist doch der Traum von jedem Jugendlichen.

Sie brachen damals die Schule ab. Warum?
Ich war ein guter Schüler, aber zu dieser Zeit war die Freiheit für mich wichtiger. Es war auch nie mein Traum, irgendeine Lehre zu machen. Manchmal ist das Leben doch viel leichter, als man sich das so vorstellt.

Bereuen Sie, die Schule nicht abgeschlossen zu haben?
Über das, was du nicht mehr ändern kannst, sollst du dich nicht ärgern. Wenn meine Eltern sich stur gestellt hätten und gesagt hätten, du musst weiter auf die Schule gehen, dann würden wir jetzt nicht zusammensitzen und sprechen.

Waren Ihre Eltern derart liberal, dass Sie machen konnten, was Sie wollten?
Meine Eltern waren weder konservativ noch liberal. Ihre Haltung, dass ein Siebzehnjähriger tun kann, was er will, war für Spanien 1980 allerdings ungewöhnlich. Sie war aber grundlegend für meine Karriere.

Haben Sie schon als Jugendlicher nach den Sternen gegriffen?
Nein, es kam einfach so, ich habe nicht danach gesucht. Ich konnte vielleicht davon träumen, ein guter Koch zu werden, aber das war schon das höchste der Gefühle.

Hatten Sie kein Idol?
Mein Idol war Johan Cruyff, ein Fußballer. Aber ich hatte natürlich viele Referenzen, und ich war frei, konnte meine Kreativität ausleben. Kreativität bedeutet für mich einfach nur, etwas zu tun, es ist nichts Mystisches daran.

Untertreiben Sie nicht?
Aber nein. Ich habe nie danach gestrebt, eine Revolution zu starten. Ich habe zunächst Nouvelle Cuisine gemacht. Dann habe ich von 1987 bis 1993 ein bisschen experimentiert, wie eine Nouvelle Cuisine mit spanischem, katalanischem Touch aussehen könnte. Aber dann sagte ich mir, wie langweilig, immer nur das Gleiche zu tun, und fing an, eine neue Sprache zu entwickeln, die kein Mensch verstand und für die sich anfangs nur wenige interessierten. Provokation und Humor gab es in Verbindung mit Essen nicht. Im Gegenteil, man sagte, mit dem Essen spielt man nicht.

Kennen Sie Ihre Grenzen?
Diese Sichtweise interessiert mich nicht.

Wie definieren Sie Erfolg?
Glücklich zu sein. Ich stehe am Morgen auf und denke mir, ich habe schon alles erreicht, was ich erreichen konnte.

Auf dem Höhepunkt Ihrer Karriere haben Sie im vorigen Jahr verkündet, zwei Jahre zu pausieren und das elBulli später als Stiftung weiterzuführen. Warum?
Um nachzudenken. Das elBulli hat es mir nicht erlaubt. Ich hatte fünfundzwanzig Jahre lang keine Pause. Wenn der Stress so groß ist, dass man nicht mehr merkt, dass man Stress hat, hat man ein Riesenproblem. Sieben Tage die Woche arbeiten, das ist verrückt, einfach zu viel.

Ist die Umwandlung des elBulli in eine Stiftung eine Art Rettung für Sie?
Ja, meine Frau hat mich unterstützt, das war sehr wichtig für mich. Sie hat zu mir gesagt, wenn du das elBulli sterben lässt, dann bist du feige. Es wäre das Leichteste gewesen. Ich habe keine Kinder, die das Restaurant hätten übernehmen können, aber durch die Stiftung kann der Geist des elBulli weiterleben. Sie wird 2014 als kreative Denkschmiede, als interdisziplinäres Versuchslabor ihre Pforten öffnen.

Welchen Geist wollen Sie weitergeben?
Die Leidenschaft für das, was man tut. Die Bereitschaft, Risiken einzugehen, aber auch mit anderen zu teilen, wenn man genug erreicht hat. Die Stiftung wird privat finanziert, mit unserem Geld. Ich hätte mir mit dem Geld natürlich auch Ferraris kaufen können.

Warum haben Sie das nicht getan?
Weil sie mir nicht gefallen, weil ich nicht materialistisch bin. Ich reise sehr gerne, übernachte in den besten Hotels, esse in den besten Restaurants, aber das muss ja nicht wirklich sehr teuer sein. Das Wichtigste für mein Team und mich ist nicht das Geld, sondern unser Talent. Wenn wir das weiterentwickeln, dann können wir Arbeitsplätze für andere schaffen, die wiederum unsere Idee weiterentwickeln.

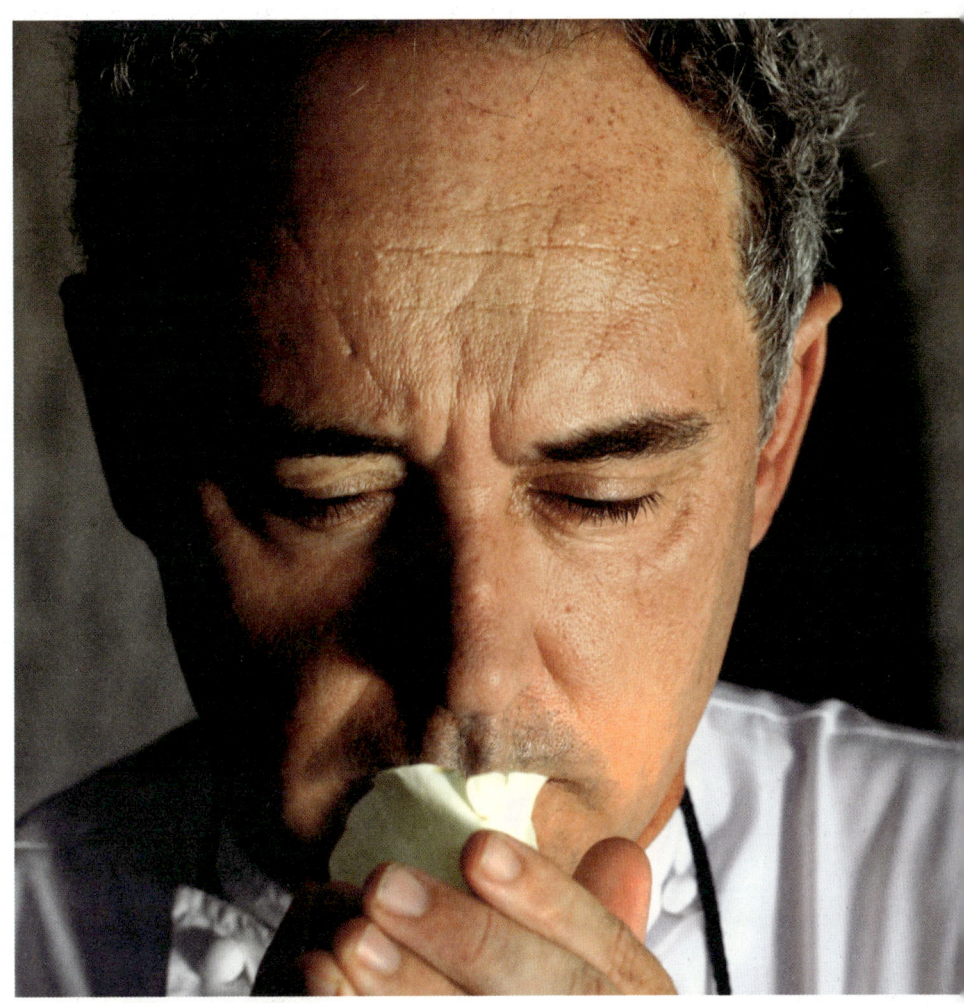

➺ **FERRAN ADRIÀ**
geb. 1962, ist Koch und Gastronom. Er zählt zu den einflussreichsten Köchen der Gegenwart und gilt als Mitbegründer der Molekularküche. 1984 eröffnete er an der Costa Brava das Restaurant elBulli. Bei Phaidon/Edel erschien 2011 sein aktuelles Kochbuch *Das Familienessen*. Seit 2010 betreibt er mit seinem Bruder Albert die Tapas-Bar Tickets in Barcelona. 2014 soll die Privatstiftung elBulli Foundation als kreative Denkfabrik ihre Arbeit aufnehmen.

NADINE ANGERER
»Meine Trainerin ließ mich links liegen«

**NADINE ANGERER ÜBER DIE ENTSCHEIDUNG:
HÄRTER TRAINIEREN ODER RAUSFLIEGEN**

25. November 2010
Das Gespräch führte Herlinde Koelbl
Foto von Herlinde Koelbl

Frau Angerer, wie wird man die beste Torhüterin der Welt?
Das verdanke ich ganz klar der früheren Bundestrainerin Tina Theune. Ich war anfangs nicht die geradlinigste Person, sondern liebte meine Freiheit, wollte lieber reisen und feiern. Ich habe deshalb Lehrgänge verschlafen, nicht richtig trainiert und schon mal eine Pizza vor dem Spiel gegessen. Da holte mich Tina irgendwann zu sich und sagte: Also, es gibt jetzt zwei Möglichkeiten. Entweder du nimmst deinen Sport ernst und wirst die beste Torwartin der Welt – oder du fliegst raus.

Das hat gesessen?
Für eine Achtzehn-, Neunzehnjährige war das ein ganz schöner Schlag auf den Kopf. Ich war sauer und dachte mir: Was willst du, ich bring doch meine Leistung! Aber sie hatte erkannt, dass noch viel mehr Potenzial in mir steckte. Ich hatte sehr viel Talent in die Wiege gelegt bekommen und dachte mir immer: Reicht ja locker! Aber ich hatte noch nicht kapiert, dass man dafür auch arbeiten muss. Wer weiß, ob meine Karriere so erfolgreich verlaufen wäre, wenn nicht ...

... Frau Theune Sie vor sich selbst gerettet hätte?
Ja. Sie hat mich tatsächlich eine Zeit lang links liegen lassen, um mir zu signalisieren, dass sie es ernst meint. Da wurde mir dann klar,

dass Fußball das ist, was ich wirklich von Herzen gern mache. Ich habe den Trainingsaufwand verdreifacht, bin früher schlafen gegangen, habe mich vernünftig ernährt – und eben alles getan, was zum Leistungssport gehört.

Sie haben Ihre Freiheit aufgegeben und sich der Disziplin unterworfen?
Hmm, widerwillig. Was ich überhaupt nicht mag, ist ein fester Tagesplan: 10 Uhr Frühstück, 10.30 Uhr Training, 13.30 Uhr Mittagessen ... Das ist überhaupt nicht meine Lebensphilosophie.

Sie leben aber nun seit rund fünfzehn Jahren nach Plan. Ist das nicht schizophren?
Genau das ist es. Ich komme mir manchmal vor wie in einem Hamsterrad.

Wie würde die andere Hälfte in Ihnen leben, wenn sie die Freiheit dazu hätte?
Die andere Hälfte würde mit dem Rucksack durch die Welt reisen, mit Haien tauchen, mit dem Fallschirm vom Hochhaus springen.

Was reizt Sie daran, mit Haien zu tauchen?
Vielleicht bin ich adrenalinsüchtig.

Wollten Sie nie ausbrechen aus Ihrem Leben nach Plan?
Das tue ich auf Turnieren regelmäßig. Dann packe ich einfach meine Siebensachen und gehe mal zwei, drei Stunden alleine weg. Andererseits merke ich auch, wie diese feste Struktur mich verändert hat. Im Urlaub in Afrika bin ich jeden Morgen pünktlich um zehn frühstücken gegangen. Aber ich bin mir sicher, dass ich das wieder ablegen werde, sobald ich dieses Zeitmanagement und dieses Vorgegebene und die Kontrolle von oben hinter mir habe.

Warum lassen Sie sich so ungern kontrollieren?
Weil ich lieber selbst die Kontrolle habe und es ganz schlimm finde, wenn jemand versucht, mich zu besitzen. Vielleicht bin ich deshalb

Torwart geworden. Einzelkind, Einzelkämpfer, Torwart, das passt zusammen.

Sie haben bereits mit fünf Jahren Fußball gespielt – in einer Jungenmannschaft
Ja, weil es keine Mädchenmannschaft in meiner Nähe gab. Bis ich zwölf war, habe ich mit den Jungs trainiert.

Hat Sie das besonders geprägt?
Jungs diskutieren anders, vielleicht bin ich deshalb heute sehr direkt und manchmal etwas undiplomatisch. Aber eigentlich war ich für die Jungs immer die Prinzessin. Die waren echt süß zu mir. Ich wurde nie gefoult und durfte immer zuerst duschen.

Als Torfrau sind Sie jetzt auch ein bisschen die Prinzessin.
Würde ich nicht so sehen. Aber die Torhüterin hat natürlich eine Sonderstellung. Sie muss der Mannschaft hinten Sicherheit vermitteln. Wenn sie nervös ist, ist gleich die ganze Mannschaft verunsichert. Natürlich hat man als Torhüterin auch mal Zweifel, aber man darf sie nicht zeigen, da muss man eine gute Schauspielerin sein. Manche sagen sogar, ich sähe im Tor viel größer aus. Das ist die Ausstrahlung, die man hat.

Es gibt ja immer diese Gerüchte, dass es im Fußball mehr lesbische Frauen gibt als anderswo. Wie stehen Sie zu diesem Thema?
Ich persönlich bin da offen, weil ich der Meinung bin, dass es nette Männer und nette Frauen gibt, und weil ich eine Festlegung generell total albern finde.

Und Sie können beide Seiten leben?
Auf jeden Fall.

➞ **NADINE ANGERER**
geb. 1978, zweimalige Weltmeisterin, spielt beim Fußballbundesligisten 1. FFC Frankfurt. Sie bestritt über 100 Länderspiele und ist Kapitänin der Nationalmannschaft.

NOBUYOSHI ARAKI
»Die Kamera hält mich am Leben«

➡

NOBUYOSHI ARAKI ÜBER DEN TOD SEINER FRAU UND SEINE KREBSERKRANKUNG

12. August 2010
Das Gespräch führte Herlinde Koelbl
Foto von Herlinde Koelbl

Herr Araki, für Ihr Buch *Sentimental Journey* haben Sie Ihre Frau jahrelang fotografiert, auch beim Sex, während ihrer Krankheit und während des Sterbens. Wie war das für Sie, als der Tod in Ihr Leben eingegriffen hat?
Natürlich war ich in diesem Moment sehr emotional. Aber wenn man eine Kamera in die Hand nimmt, blendet man die eigenen Gefühle ein bisschen aus. Durch die alltägliche Handlung des Fotografierens wurde auch dieser Verlust fast zu etwas Alltäglichem.

Das heißt, die Kamera hat Sie sozusagen gerettet vor der elementaren Erschütterung?
Ich möchte es ein bisschen anders ausdrücken. In mir gibt es zwei Persönlichkeiten. Ich bin wie der Clown, der lächelt und innerlich traurig ist. Die Kamera ist mein Make-up. Es könnte sein, dass sie die Traurigkeit versteckt hat. Aber man sieht sie auf den Bildern wieder. Darin offenbart sich mein Inneres.

So wie in Ihren frühen Blumenbildern, die eine große Düsternis und Vergänglichkeit zum Ausdruck bringen?
Für mich hat der Moment, in dem die Blume zu verwelken anfängt und sozusagen der Tod eintritt, am meisten Ausstrahlung und ist

geradezu erotisch. Das trifft auch auf den Tod meiner Frau zu. Er ist für mich die Spitze der Schönheit. Und auch die Spitze des Lebens. Das ist der Moment, den ich mit meinen Bildern festhalten möchte.

Was meinen Sie mit Spitze des Lebens?
Der Tod ist der Höhepunkt, sozusagen der Orgasmus des Lebens. Man bekommt plötzlich so ein sanftes Gesicht, wenn man gestorben ist. Alles Leben wird mit dem Tod ewig. Wenn jemand stirbt, zeigt sich sein ganzes Leben in konkreter Weise. Das bedeutet für mich das Gleiche, wie dass man ewig leben wird. Und dass meine Frau gestorben ist, bedeutet für mich nicht, dass man getrennte Wege geht, sondern dass man für immer zusammen ist.

Die Liebe wird also verewigt durch die Bilder?
Fotos zu machen bedeutet für mich zu lieben.

Haben Sie selbst Angst vor dem Tod?
Ich habe keine Angst, aber ich mag ihn nicht. Wenn man stirbt, ist natürlich alles vorbei. Das heißt, solange ich lebe, werde ich meine Frau weiterlieben. Wenn auch ich sterbe, wird das aufhören. Deshalb möchte ich nicht sterben.

Und die Kamera hält Sie am Leben?
Ja, richtig. Sie ist meine Lebensversicherung. Nachdem meine Frau gestorben war, hatte ich eine gewisse Traurigkeit in mir. Und je mehr Fotos ich machte, desto größer wurde diese Traurigkeit. Deshalb habe ich versucht, lachende Gesichter einzufangen. Das Gesicht einer Toten mag das beste Porträt ergeben, aber es ist ein Objekt, etwas Festes, Starres. Fotos von fröhlichen Gesichtern dagegen haben etwas Lebendiges. Die Kamera ist aber nicht nur meine Lebensversicherung. Früher war sie auch ein Phallus, und ich ging sehr offensiv mit ihr um. Im Moment ist sie ein Sarg.

Ein Sarg?
Ich bin relativ nahe dran, im Sarg zu landen. Denn ich habe Krebs und schreite langsam voran in Richtung Spitze, wie ich heute von

meinem Arzt erfahren habe. Und deshalb versuche ich nicht, das perfekte Foto zu machen, sondern ein bisschen davon abzuweichen, weil es das Ende bedeuten würde. Auch in diesem Sinne ist die Kamera meine Rettung. Sie hilft mir, dem Tod noch ein bisschen Lebenszeit abzutrotzen.

Sie sind berühmt geworden durch Bilder von gefesselten Frauen. Die Kamera sei auch ein Phallus, sagten Sie gerade. Wann fühlen Sie sich lebendiger – wenn Sie Sex mit einer Frau haben oder mit der Kamera in der Hand?
Wenn ich die Kamera in der Hand halte. Und noch lebendiger fühle ich mich, wenn ich Frauen fotografiere. Früher hat es mich sehr stimuliert, einfach den Auslöser meiner Kamera zu drücken, das hat etwas Warmes in mir beschworen. Jetzt bin ich sehr kühl dabei. Und das bedeutet: Je öfter ich den Auslöser drücke, desto näher komme ich meinem Tod.

Glauben Sie, dass Sie früher mehr Energie hatten?
Körperlich gesehen nimmt sie ab. Ich kann keine Liegestütze mehr und kriege keinen mehr hoch.

Und wenn Sie feststellen, dass Ihre Lebensenergie und auch die Energie in Ihren Bildern abnehmen, macht Sie das traurig?
Dann lege ich mich auf den Rücken und schaue angestrengt in den Himmel, damit nicht meine Tränen herunterfallen. Mein ganzes Inneres ist nass von Tränen. Aber genauso gut könnte ich mich einfach als Bettnässer bezeichnen. Das ist meine Art von japanischem Humor. Der Humor des Clowns, der lacht und innerlich traurig ist.

➤ **NOBUYOSHI ARAKI**
geb. 1940, Sohn eines Schuhverkäufers, ist einer der bekanntesten Fotografen Japans. Er begann seine Karriere als Werbefotograf und hat mehr als dreihundert Bildbände veröffentlicht. Berühmt wurde er durch seine Aktfotos von gefesselten Frauen.

GABRIEL BACH
»Mein Vater hatte den sechsten Sinn«

➤

DER EICHMANN-ANKLÄGER GABRIEL BACH ÜBER SEINE JÜDISCHE FAMILIE, DIE DEN NAZIS IN LETZTER MINUTE ENTKAM

7. April 2011
Das Gespräch führte Herlinde Koelbl
Foto von Herlinde Koelbl

Herr Bach, Sie sind 1938, zwei Wochen vor der Reichspogromnacht, in die Niederlande geflohen. Nur einen Monat bevor dort die Deutschen einmarschierten, wanderten Sie nach Palästina aus – und zwar auf dem Schiff *Patria*, das auf der nächsten Fahrt dann gesunken ist. Warum, glauben Sie, sind Sie immer rechtzeitig entkommen?
Also, dass jemand über mein Schicksal bestimmt hätte, das kann ich nicht glauben. Ebenso wenig, dass ich es verdient hätte, von einem Herrgott beschützt zu werden, während es die Millionen jüdischer Kinder, die umgekommen sind, nicht verdient hätten. Nein, es war einfach Glück. Und in gewisser Weise hat mich auch der britische Premierminister Neville Chamberlain gerettet.

Wie das?
Mein Vater war Generaldirektor in der Schwerindustrie. Als die Tschechei-Krise ausbrach, nahm uns die Gestapo unsere Pässe weg, damit er als kriegswichtige Person das Land nicht verlassen konnte. Erst nach der Kapitulation Chamberlains im Münchner Abkommen bekamen wir sie wieder zurück. Wenn Chamberlain heute kritisiert wird, bin ich rational damit einverstanden. Aber ich bin dann ganz still, weil uns das wahrscheinlich gerettet hat.

Wie alt waren Sie, als Sie Deutschland verließen?
Elf. Und ich erinnere mich noch genau, wie an der holländischen Grenze SS-Leute in den Zug kamen und sagten: Familie Bach, raus! Wir mussten in einer Baracke die Koffer öffnen, und sie warfen alles in eine Ecke. Erst als sich der Zug wieder in Bewegung setzte, durften wir gehen. Wir liefen dem Zug nach, und ein SS-Mann trat mich in einen gewissen Körperteil. So wurde ich mit einem Fußtritt aus Deutschland hinausbefördert.

Wie lange blieben Sie in Holland?
Noch bis zum März 1940, weil mein Vater die ganze Familie retten wollte. Und das ist ihm auch gelungen. Er hat alle Onkel, die in Dachau und Buchenwald waren, herausgeholt und ihnen Einreisebewilligungen für Palästina verschafft.

Dann verdanken Sie und Ihre Familie die Rettung auch ihm?
Ja, er hat die Dinge vorausgesehen. In Israel sagten die Leute, mein Vater habe einen sechsten Sinn, wann man sich absetzen muss. Aber es war eben auch Glück. Hitler hatte den Einmarsch in Holland siebenmal verschoben. Bevor er beim achten Mal wirklich einmarschierte, hatten wir Holland soeben verlassen.

Vor genau fünfzig Jahren waren Sie stellvertretender Staatsanwalt im Eichmann-Prozess. Sie beschrieben das als traumatisches Erlebnis.
Auf jeden Fall war es das. An dem Tag, an dem ich Eichmann zum ersten Mal begegnete, las ich gerade in der Autobiografie von Rudolf Höß, wie er in Auschwitz jeden Tag tausend Kinder in die Gaskammern stoßen musste und davon manchmal Kniezittern bekam. Er schämte sich für diese Schwäche, nachdem er mit Eichmann gesprochen hatte. Dieser erklärte ihm, dass man die Kinder zuerst töten müsse, da sie die Keimzelle für die Wiedererrichtung der Rasse seien. Zehn Minuten nachdem ich das gelesen hatte, wollte mich Eichmann sprechen. Ich höre noch immer seine Schritte da draußen und sehe, wie er sich mir gegenübersetzt. Eichmann war ein absolut Besessener gewesen, der sich ganz mit seinem Tun identifizierte. Noch

am Schluss, als er den Krieg längst verloren glaubte, fuhr er persönlich nach Auschwitz, um die Zahl der Tötungen von zehn- auf zwölftausend täglich heraufzusetzen.

Während des Prozesses haben Sie einmal fast einen Kollaps erlitten.
Ja, als ein Ungar, der als Einziger seiner Familie überlebt hatte, mir erzählte, wie er nach Birkenau kam. Und wie sich dort sein Töchterchen, das einen roten Mantel anhatte, in der Menge von ihm entfernte, bis es als roter Punkt ganz aus seinem Leben verschwand. Erst zwei Wochen davor hatte ich meiner eigenen Tochter einen roten Mantel gekauft. Es verschlug mir völlig die Stimme. Ich konnte keinen Ton mehr herausbekommen.

Welche Spuren haben all diese Erfahrungen bei Ihnen hinterlassen?
Ich denke noch heute sehr oft daran. Jeden Tag gibt es irgendetwas, das mich daran erinnert. Zum Beispiel, wenn ich ein Kind im roten Mantel sehe. Oder wenn ich nach Deutschland komme. Vielleicht konnte und kann ich das alles ja nur deshalb ertragen, weil meine eigene Familie nicht dieses Schicksal erleiden musste – weil mein Vater die Onkel rechtzeitig aus den Lagern holte und uns alle damals rettete.

➦ **GABRIEL BACH**
geb. 1927 in Halberstadt, war im Eichmann-Prozess stellvertretender Ankläger. Eichmann hatte die Vertreibung und Deportation der Juden im Deutschen Reich organisiert. Nach seiner Festnahme in Argentinien wurde am 11. April 1961 in Jerusalem der Prozess gegen Eichmann eröffnet. 1969 wurde Gabriel Bach Generalstaatsanwalt, 1982 Richter des Obersten Gerichtes von Israel.

LOUIS BEGLEY
»Sie fand den Weg aus dem Labyrinth«

DER SCHRIFTSTELLER LOUIS BEGLEY ÜBER SEINE MUTTER, DIE IHN WÄHREND DES KRIEGES IN POLEN VOR DEN NAZIS VERSTECKTE

16. Februar 2012
Das Gespräch führte Louis Lewitan
Foto von Bettina Strauss

Herr Begley, Sie haben die Kriegszeit in Polen unter falschem Namen überlebt. Wie ist Ihre Erinnerung an diese Zeit?
Damals war man froh, wenn nichts passierte, aber die Tage waren von einer unglaublichen Eintönigkeit. Wir versuchten, so selten wie möglich aus dem Haus zu gehen. Wo immer wir hingingen, wurden wir als Fremde angesehen, und Fremde erregten nun mal Aufmerksamkeit. Das wäre gefährlich gewesen, denn die Leute hätten sich gefragt: Diese junge Frau mit dem kleinen Jungen, wer sind die beiden, was machen die hier, und wo kommen die her? So verbrachte ich enorm viel Zeit mit Büchern und meinen Zinnsoldaten.

Verstanden Sie als kleiner Junge, wie wichtig es war, Ihre jüdische Identität zu verleugnen?
Kinder sind nicht dumm. Mir war damals vollkommen klar, dass es überlebenswichtig war, kein Jude zu sein, nicht beschnitten zu sein und wie ein perfekter Pole auszusehen. Das ist der Grund, weshalb wir falsche Ausweise mit einem nicht jüdisch klingenden Namen hatten und warum wir behaupteten, katholisch zu sein. Unglücklicherweise war ich aber beschnitten, und das lässt sich bekanntlich nicht rückgängig machen.

Wie war dieses Leben mit der Lüge?
Diese Heucheleien und Lügen waren ungeheuerlich. Ich schämte mich dafür, aber mir war klar, was die Alternative war.

Haben Sie dank Ihrer blauen Augen überlebt?
Kein Zweifel, ich sah wie ein blonder polnischer Junge aus.

Was für ein Glück!
Glück oder Unglück. Ich wünschte mir, ich wäre unter einem anderen Himmel zur Welt gekommen. Die Ängste und Demütigungen waren allgegenwärtig. Andererseits könnte man sagen, ich hatte im Vergleich zu den anderen Überlebenden extrem viel Glück, denn ich war nie in einem Konzentrationslager und habe keine körperlichen Schmerzen erlitten.

Wie hat sich im Laufe der Zeit die Beziehung zu Ihrer Mutter entwickelt?
Während des Krieges standen wir uns sehr nahe. Danach konnten wir nicht so gut miteinander. Ich war ihr gegenüber nicht so zärtlich und gefühlvoll, wie ich es gerne gewesen wäre. Ich war ein guter Junge, ich habe stets meine Pflichten erfüllt und mich um sie gekümmert, aber ich habe auch immer versucht, sie auf Abstand zu halten. Ich fürchtete, dass sie sonst mein Leben zu sehr bestimmen würde. Sie starb 2004, kurz vor ihrem vierundneunzigsten Geburtstag. Heute ist mir klar, welche außergewöhnlichen Leistungen sie damals vollbracht hat, um uns beide durch diese Zeit zu bringen, um den vielen Fallen zu entkommen und den richtigen Weg aus dem Labyrinth zu finden. Sie war meine Rettung! Anders kann ich es nicht sagen. Nun, wo ich älter bin, denke ich dauernd an sie, und ich vermisse sie sehr. Jetzt erst kann ich sie verstehen und sehe sie so, wie sie es sich sicher gewünscht hätte. Und wenn wir schon über Rettung reden, die zweite Rettung in meinem Leben ist zweifelsohne meine Frau. Wir sind im März achtunddreißig Jahre verheiratet.

Warum ist Ihre Frau Ihre Rettung?
Weil ich dank ihrer zu der Person wurde, die ich heute bin – ein fröh-

licher und glücklicher Mensch und optimistisch, was die meisten Dinge betrifft. Kennen Sie das Gedicht von Louis Aragon, das der Sänger Léo Ferré Ende der sechziger Jahre gesungen hat? »Es hätte noch einen Moment länger gedauert / bis der Tod gekommen wäre / aber eine reine Hand / ist gekommen / und hat die meine genommen«. Ich erwähne diese Zeilen, weil ich meine Frau in Frankreich kennengelernt habe, und so empfinde ich für sie.

Wie konnte Ihre Frau Ihr Herz und Ihre Seele so tief berühren?
Sie hat mich glücklich gemacht, weil sie mich liebt. Und weil sie wunderbar zu den Kindern war. Sie verfügt über eine außergewöhnliche Intelligenz und ist in ihrem Urteil gerecht. Sie ist so wundervoll, dass ich mich oft gefragt habe: Es muss doch etwas Liebenswertes an mir sein, dass sie mich so liebt?

Dachten Sie, Sie wären es nicht wert, geliebt zu werden?
In der Tat. Oftmals, um nicht zu sagen, die meiste Zeit. Für meinen ersten Roman *Lügen in Zeiten des Krieges* hatte ich mir ursprünglich den Titel *Erziehung eines Monsters* ausgedacht. Ich will nicht den Eindruck erwecken, dass ich bei Frauen keinen Erfolg hatte. Ich meine auch nicht, dass ich als Student oder später als Anwalt keinen Erfolg hatte. Im Gegenteil, ich war sehr erfolgreich und arbeitete sehr hart, und dennoch wanderte ich ziellos umher. Meine Frau hat Ordnung in mein Leben und in meine Seele gebracht. Heute sehe ich sie als meine zweite Rettung. Was für eine merkwürdige Kolumne!

➠ **LOUIS BEGLEY**
wurde 1933 als Ludwik Begleiter im galizischen Stryj geboren. Ab 1941 lebte er mit seiner Mutter im Untergrund, unter anderem in Lemberg und Warschau. 1947 kam er nach New York, wurde Anwalt und schrieb später Romane, darunter *Lügen in Zeiten des Krieges* (1991). Zuletzt erschien 2011 sein Buch *Schmidts Einsicht*.

KARIN BEIER
»Meine Tochter hat alle Prioritäten verschoben«

**DIE REGISSEURIN KARIN BEIER ÜBER EINE ZEIT,
ALS SIE VOM THEATER FAST AUFGEFRESSEN WORDEN IST**

7. Juli 2011
Das Gespräch führte Louis Lewitan
Foto von Stefan Nimmesgern

Frau Beier, worin besteht die Aufgabe des Theaters?
Es soll die Gesellschaft reflektieren und den Zuschauer zum Fragen auffordern. Allerdings leben Theatermenschen in einem Elfenbeinturm, in dem sich alles nur noch um die Kunst dreht, und verlieren leicht den Bodenkontakt.

Wie äußert sich das?
Stell ich das Fahrrad links oder rechts auf die Bühne? Eine solche Entscheidung wird mitunter wahnsinnig wichtig. Man verliert die Gelassenheit, weil alles zur schlafraubenden existenziellen Frage wird.

Wie kommt es zu dieser Überschätzung von Nebensächlichem?
Weil man sich als Theaterschaffender dauernd in einer Bewertungssituation befindet. Ich werde als Mensch, der sich künstlerisch ausdrückt, permanent benotet, sei es von den Zuschauern, von den Kollegen, von der Presse. Man steht in einer Abhängigkeit von diesen Noten, was nur schön ist, wenn es rund läuft.

Sie haben früh Karriere gemacht, gab es bei Ihnen eine Zeit, in der es nicht rund lief?
Ja, eine ganze Strecke lang, gerade am Anfang. Mit neunzehn Jahren wurde ich als Regisseurin sehr schnell nach oben geschossen, das war

für mich als Jüngste in der Truppe ganz toll, aber auch eine große Überforderung.

Wie hat sich das geäußert?
Ich habe einfach nicht mehr geschlafen, morgens um fünf Uhr lag ich wach, dachte an die Probe und hatte Angst. Ich kam mir wie ein Bluffer vor, irgendwann würde ich schon auffliegen, man würde merken, dass ich gar nichts kann. Ich bin damals sehr um mich selbst gekreist. Ich gehöre zu dieser wahnsinnig ehrgeizigen Achtziger-Jahre-Generation und habe mich mit zwanzig extrem über das, was ich leiste, definiert, und Theater war für mich das Größte. Bei jeder Produktion habe ich gesagt, ich gebe alles, es war jedes Mal ein Ausnahmezustand. Bis ich merkte, wenn ich das so weitermache, dann werde ich nicht alt.

Waren Sie damals an eine Grenze gestoßen?
Ja, auf der einen Seite hatte ich ein Gefühl von höchster Überspanntheit, einem hypermotorischen Zustand gleich, und auf der anderen Seite spürte ich eine unendliche Müdigkeit, die mich jeder Kreativität beraubte.

Wie kamen Sie da heraus?
Irgendwann merkte ich, ein bisschen was werde ich schon können. Letztendlich darf man sich nicht dauernd fragen, ob man es kann, man muss es einfach tun. Außerdem sind mein Mann und ich 1999 ein halbes Jahr aus dem Theater ausgestiegen und in den Norden Schottlands gegangen, dorthin, wo es sehr, sehr viele Schafe gibt.

Was haben Sie dort noch entdeckt außer Schafen?
Sonst war ich immer die Macherin. In Schottland ist man einfach nur der, der man ist. Die Leute dort sind in ihrem Leben noch nicht im Theater gewesen, die wissen gar nicht, was das ist. Ich habe in Schottland so etwas wie Glück empfunden.

Fernab vom Theaterleben?
Ja, in der Natur. Sie erzeugt bei mir extrem starke Gefühle, als würde ich zu etwas Göttlichem Kontakt haben. Sie regt mich dazu an, die

Dinge einfach mal sein zu lassen. Ich bin immer wieder nach Schottland gefahren, bis ich schwanger wurde.

Wie hat die Geburt Ihrer Tochter vor fünf Jahren Ihr Leben verändert?
Sie hat alle Prioritäten verschoben. Sie ist das Beste, was mir passiert ist. Wenn ich bei meiner Tochter bin, dann bin ich weg vom Theater. Dieser Abstand ist sehr produktiv, denn mein Leben ist sonst immer so extrem auf eine Zielgerade fixiert.

Wie meinen Sie das?
Das Theater ist wie ein kleiner Kosmos, man arbeitet kurze Zeit sehr intim und emotional zusammen. Das ist ein Geschenk, und es macht süchtig, weil es ein bisschen so ist, als dürfte man ganz viele Leben führen. Aber natürlich läuft jeder Probenprozess auf eine Premiere zu. Und immer hat man zu wenig Zeit – das ist der größte Stressfaktor.

Ihre Tochter hat Sie also vor dem Theater gerettet?
Sie hat mich insofern gerettet, als sie das Theater an Stelle zwei oder drei gerückt hat. Sie bringt mich zum Innehalten, zum Heraustreten aus dieser Maschinerie. Ein Perspektivenwechsel auf die Welt ist immer gut.

Sie haben dank Ihrer Tochter entdeckt, dass es eine Welt neben dem Theater gibt?
So ungefähr. Der Regisseur Frank Castorf hatte mich einmal beobachtet, wie ich als junge Regisseurin die Applausordnung dreißigmal übte, und sagte danach zu mir: Spinnst du, das ist doch nur Theater. Das war für mich damals nicht nachvollziehbar. Mittlerweile sage ich das auch oft Schauspielern, wenn sie eine Krise haben: Komm jetzt, es ist nur Theater.

➤ **KARIN BEIER**
geb. 1965, von *Theater heute* zur besten Nachwuchsregisseurin gewählt, ist Intendantin des Kölner Schauspiels, ab 2013 Leiterin des Schauspielhauses Hamburg.

NORBERT BISKY
»Ich bin davon besessen, Kontrolle über mein Leben zu haben«

NORBERT BISKY ÜBER SEINE INHAFTIERUNG IN DER DDR KURZ NACH DEM MAUERFALL

18. März 2010
Das Gespräch führte Herlinde Koelbl
Foto von Herlinde Koelbl

Herr Bisky, Sie haben kurz vor dem Ende der DDR noch schlechte Erfahrungen mit dem alten System gemacht.
Ja, der Staat zerfiel, aber die ostdeutsche Armee funktionierte weiter. Ich war im Herbst 1989 zur NVA eingezogen worden und hatte meine Vereidigung am 11. November – zwei Tage nach dem Mauerfall. Eine völlig bizarre, surreale Situation! Wir nuschelten unser Gelöbnis auf die Deutsche Demokratische Republik, während am Rand die Familien mit McDonald's-Fähnchen winkten, die sie aus dem Westen mitgebracht hatten. Kurze Zeit später gab es dann ein neues Gesetz, das den Zivildienst erlaubte. Ich schrieb sofort einen Antrag, nahm den ganzen Jahresurlaub, der mir als Soldat zustand, und fuhr nach Amsterdam.

Und der Antrag wurde bewilligt?
Ich dachte, das ginge ganz einfach. Ich war gerade 19 und wirklich doof und grün und hatte von nichts eine Ahnung. Nach meiner Rückkehr aus Amsterdam fuhr ich in die Kaserne in Steffenshagen, um meine Sachen abzuholen, doch die wollten, dass ich bleibe und zum Wachdienst antrete. Ich sagte: »Seid ihr bekloppt?« Dann bin ich nach Berlin gefahren, wo ich bei meinen Eltern ein Zimmer hatte.

So einfach konnten Sie der NVA aber nicht entkommen?
Am nächsten Tag klingelte es, und draußen stand die Polizei. »Kommen Sie bitte mit. Wir haben ein Papier im Auto. Das müssten Sie unterschreiben.« Und ich arroganter kleiner Schnösel, der sich für so schlau hielt, dass ihn keiner austricksen könnte, bin natürlich mitgegangen. Sie drehten mir den Arm auf den Rücken, schubsten mich ins Auto und fuhren mich zum Polizeipräsidium in der Keibelstraße. Dort habe ich auf der Straße wie wild gestrampelt und geschrien, um Aufmerksamkeit zu erregen. Das war Anfang März 1990, da haben die Menschen eigentlich aufeinander achtgegeben. Aber es hat keinen interessiert, was die mit mir machten. »Sie haben sich unerlaubt von der Truppe entfernt«, hieß es dann. »Das ist Fahnenflucht.« Anschließend brachten sie mich in ein Militärgefängnis in der Friedrich-Engels-Kaserne.

Was geschah dort?
Ich wurde furchtbar angeschrien von so einem blöden Schwein in Uniform, wie man sie heute zu Recht in diesen ganzen DDR-Mauerfilmen sieht. Und ich musste mit ansehen, wie andere Leute gegen die Heizung geschmissen wurden, was auf mich eine sehr abschreckende Wirkung hatte. Mir ist nichts Besseres eingefallen, als zu sagen: »Ich esse nichts, ich trete jetzt in den Hungerstreik!« Das war natürlich komplett lächerlich, aber es hat dazu geführt, dass ich zwei Tage später wieder draußen war. Sie riefen meine Kaserne in Steffenshagen an: »Wir haben hier einen komischen Soldaten, der nur Ärger macht. Könnt ihr den abholen?« In meiner Kaserne habe ich darauf bestanden, zu telefonieren, und durfte endlich meine Familie anrufen, die bis dahin keine Ahnung hatte, wo ich abgeblieben war. Dann habe ich mit einem Offizier gesprochen: »Hören Sie mal, das Gesetz muss eingehalten werden, sonst werden Sie eine Menge Ärger bekommen!« Tatsächlich wurde ich zwei Tage später entlassen und konnte den Zivildienst antreten.

Sie haben sich durch Ihr mutiges Auftreten also selbst gerettet?
Ich merkte, dass ich selbst aktiv werden musste, sonst wäre die übliche Entscheidungsmaschinerie abgelaufen. Aber ich habe noch meh-

rere Monate gebraucht, um mich von dem Schock zu erholen. Es war das erste Mal, dass ich die fiese Fratze der DDR kennenlernte, sozusagen im Schnelldurchlauf – diese ganz harte, menschenverachtende Seite mit Zuckerbrot und Peitsche. Mal drohend und gewalttätig, dann wieder kumpelhaft: »Wollen Sie eine Zigarette?« Ich war in diesem kleinbürgerlichen Land DDR groß geworden, die Gesellschaft funktionierte ganz hübsch, ich fühlte mich sehr behütet – und dann musste ich plötzlich erleben, wie schmal der Grat ist: Kaum weichst du ein bisschen von der Linie ab, steckst du richtig in der Scheiße.

Diese Erfahrung hat Sie geprägt?
Ja, ich habe erlebt, dass das Staatswesen eine menschenverachtende Seite haben kann, weshalb ich noch heute ein tiefes Misstrauen gegenüber allem Staatlichen hege. Die wichtigste Erkenntnis aus diesem Erlebnis war, dass ich selbst für mich verantwortlich bin und selbst für mich sprechen muss, damit nicht andere über mich entscheiden. Dieser Gedanke wird sogar immer extremer. Ich bin davon besessen, Kontrolle über mein Leben zu haben. Ich bin ein richtiger Kontrollfreak geworden.

➨ **NORBERT BISKY**
geb. 1970 in Leipzig, ist einer der wichtigsten zeitgenössischen deutschen Maler. Er studierte bei Georg Baselitz und gilt als Vertreter eines neuen Realismus. Norbert Bisky ist der Sohn von Lothar Bisky (Die Linke).

THOMAS »TOIVI« BLATT
»Die Kugel blieb in meinem Kiefer stecken«

THOMAS »TOIVI« BLATT ÜBER DAS VERNICHTUNGSLAGER SOBIBÓR, DAS ER ÜBERLEBTE

10. Juni 2010
Das Gespräch führte Louis Lewitan
Foto von Michel Labelle

Herr Blatt, was ist das für ein Gefühl, in Deutschland zu sein?
Es fühlt sich fast normal an. Dennoch bin ich letzte Nacht zweimal aus dem Bett gefallen.

Sie werden noch von Albträumen verfolgt?
Ja, ein Teil von mir ist noch in Sobibór, und das Schlimmste ist, dass die Erinnerung jetzt stärker ist als früher: Ich sehe einen zehn Jahre alten Jungen und denke, Gott, so alt war mein Bruder, als er in die Gaskammer ging. Ich habe Angst, es könnte sich wiederholen.

Sie sind am 14. Oktober 1943 aus dem Vernichtungslager Sobibór geflohen. Wie kam es zum Aufstand?
Wir wussten nicht, wie man mit Waffen umgeht. Aber glücklicherweise kam eines Tages ein Transport mit jüdischen Offizieren aus der Roten Armee. Die wussten, wie man kämpft.

Hatten Sie Angst vor Spitzeln?
Von fünfhundertsiebzig Häftlingen waren etwa sechzig eingeweiht. Wir lockten SS-Männer in Hinterhalte, wo wir mit Beilen und Hämmern aus der Tischlerei warteten. Wir haben etwa ein Dutzend

Deutsche umgebracht. Dann haben wir die anderen informiert, einer von uns ist auf einen Tisch gesprungen und hat gesagt, dass wir jetzt einen Aufstand machen wollten. Er sagte auch, dass nicht viele von uns überleben würden, aber wenn jemand durchkomme, sei es seine Pflicht, der Welt zu sagen, was in Sobibór geschehen ist. Dann sind wir zum Tor gerannt.

Aber das Lager war doch streng bewacht.
Ja, sehr viele wurden von den Wachen erschossen. Aber wir hatten die Waffen der getöteten SS-Männer und Karabiner aus der Waffenkammer und schossen zurück. Etwa dreihundert konnten entkommen, doch haben sie die meisten von uns dann in den Wäldern gefunden.

Wohin sind Sie geflüchtet?
Ich bin zu meinem alten Lehrer gerannt, er öffnete mir, obwohl es in Polen sehr gefährlich war, Juden zu verstecken. Ganze Dörfer wurden abgebrannt, wenn das herauskam.

Wie lange sind Sie bei ihm geblieben?
Nur zum Essen, dann bin ich wieder in den Wald. Ich habe unter Zweigen geschlafen. Im Wald traf ich zwei Jungen aus dem Lager. Zum Glück hatten wir Geld aus dem Wertsachenmagazin. Wir sind zu einem Bauern gegangen und haben ihn gefragt, ob er uns versteckt, wenn wir dafür bezahlen.

Woher haben Sie gewusst, dass er Sie nicht sofort den Deutschen ausliefert?
Wir wussten es nicht. Wir haben Licht gesehen und unser Glück versucht.

Wie lange hat er Sie drei versteckt?
Fünf Monate, in seiner Scheune.

Was macht man, wenn man über Monate in einer Scheune sitzt?
Wir haben uns Geschichten erzählt und viel geschlafen.

Warum haben Sie Ihr Versteck nach fünf Monaten verlassen?
Weil die Knechte des Bauern versucht haben, uns zu erschießen. Der Bauer hatte wohl Angst bekommen. Auf der einen Seite fürchtete er, dass herauskommt, dass er Juden versteckt hat, und auf der anderen Seite, dass wir das Geld zurückwollen, wenn die Russen uns befreien. Vielleicht wollte er auch an den Rest unseres Geldes. Viele Tausend Juden sind auf diese Weise vernichtet worden. Die Bauern haben sie ermordet wegen Geld, wegen Schuhen, wegen Kleidern. Einen Juden zu töten war, wie einen Hund zu töten, keine große Sache.

Einen Menschen zu töten war, wie einen Hund zu töten?
Es war wie eine Jagd. Für einen toten Juden gaben die Deutschen fünf Kilo Zucker, manchmal Wodka. Die Deutschen haben die Juden ja nicht gekannt. Polen haben ihnen gezeigt, wer von ihren Nachbarn Jude war und wer nicht.

Sie meinen, Polen haben sich auch schuldig gemacht?
Ja, wie die Rumänen, die Ungarn, die Ukrainer, die KZ-Wachmänner waren. Darum geht es ja in dem Prozess gegen John Demjanjuk. Wenn sie keine Demjanjuks gehabt hätten, hätten sie keine Wachmänner gehabt. Das sind keine Gehilfen, das sind Mörder.

Wie haben Sie überlebt?
Die Knechte schossen auf mich und dachten, ich sei tot, aber ich war nur verwundet. Die Kugel ist in meinem Unterkiefer stecken geblieben. Dort ist sie heute noch – als Erinnerung.

Das war Ihre Rettung.
Ja, ich habe mich tot gestellt und bin abgehauen, als die Knechte weg waren. Ich entkam in ein Versteck in der Stadt.

Wie viele von den fünfhundertsiebzig Insassen von Sobibór haben den Krieg überlebt?
Etwa achtundvierzig, soweit meine Erinnerung reicht.

THOMAS »TOIVI« BLATT
geb. 1927, stammt aus Izbica im Südosten Polens.
Mit fünfzehn wurde er in das nahe gelegene Vernichtungslager Sobibór deportiert. Seine Eltern und sein Bruder kamen vor seinen Augen in der Gaskammer um. Blatt schrieb Bücher über Sobibór und sagte im Prozess gegen den KZ-Wächter John Demjanjuk aus. Heute lebt Blatt in den USA.

MICHAEL BLUMENTHAL
»Der Vizekonsul gab mir ein Visum für die USA«

➢

MICHAEL BLUMENTHAL ÜBER SEINE FLUCHT VOR DEN NAZIS UND SEIN LEBEN IN DEUTSCHLAND

21. Oktober 2010
Das Gespräch führte Ijoma Mangold
Foto von Hartmut Müller

Herr Blumenthal, Sie hatten ein dramatisches Leben: Sie mussten 1939 aus Berlin nach Shanghai fliehen, 1947 wanderten Sie in die USA aus. Gab es einen Moment, von dem Sie sagen: Das war meine Rettung?
Meine Rettung war John Stutesman, der Vizechef des amerikanischen Generalkonsulats in Shanghai, der mir ein Einwanderungsvisum für die USA gab. Das hat mein Leben verändert. Die Jahre in China waren nicht leicht: Als Staatenloser durfte ich nichts tun, ich vegetierte vor mich hin. Nicht einmal Kanada, dieses riesige Land mit wenigen Einwohnern, ließ mich einreisen. Meine Rettung war, dass Präsident Truman irgendwann sagte: Jetzt lassen wir aber wenigstens die Überlebenden rein. Und dann hat der Konsul mir das Visum gegeben.

Wie war Ihr Start in den USA?
Ich kam in San Francisco an. Eine Woche später hatte ich einen Job, ein paar Monate später war ich am College. Ich wusste: Jetzt kannst du was aus dir machen! Ich studierte tagsüber, und nachts arbeitete ich in einem Hospital, wo ich den Aufzug bediente. Da las ich immer meine Bücher aus der Uni. Die Ärzte hörten meinen Akzent, sahen

die Bücher und fragten: Was machst du? Wo kommst du her? Und ich sagte: Ich bin ein Exdeutscher, gerade erst nach der Flucht hier angekommen, ich gehe zum City College und studiere Ökonomie. Und sie sagten: »Good for you, my grandfather came from Ireland, my mother from Italy.« Sie waren selber Einwandererkinder. Da hat keiner auf mich herabgesehen, nur weil ich arm war und erst seit Kurzem da.

In Amerika kann man sich leichter neu erfinden als etwa in Deutschland, heißt es. Das stimmt nach Ihrer Erfahrung?
Die Möglichkeit, aufzusteigen, ist viel größer. Ich kam mit einundzwanzig Jahren in die USA, mit siebenunddreißig war ich stellvertretender Sonderbeauftragter für Handelsfragen im Rang eines Botschafters.

Wie nehmen Sie Deutschland heute wahr?
Es wandelt sich. Ich sehe mit Freude, dass Deutschtürken im Bundestag sitzen. Die Deutschen realisieren es noch nicht ganz, aber Deutschland ist dabei, eine multiethnische Gesellschaft zu werden. Doch auch ich muss zugeben: Wenn ich in der Berliner U-Bahn eine schwarze Dame sehe, und sie sagt zu ihrem Kind auf Deutsch: »Putz dir doch mal die Nase!«, muss ich zweimal hingucken.

Wir Deutschen träumen von der Verbindung von Bildung und Besitz. Dabei scheint es das in den USA viel häufiger zu geben als bei uns – und Sie verkörpern diesen Typus.
In Deutschland ist er von den deutschen Juden verkörpert worden. Die wurden aber nie als Deutsche anerkannt – egal, wie preußisch sie sich fühlten. Deutschsein wurde zu lange ethnisch definiert. Die Deutschen haben noch heute Schwierigkeiten, einen Deutschtürken als Deutschen anzuerkennen. Die sagen erst mal: Das ist ein Türke. In Amerika gibt es auch Vorbehalte gegen Einwanderer. Aber wenn sie erst mal die Staatsbürgerschaft haben, gilt: We are all Americans. Das ist hier noch anders. lgnatz Bubis erzählte die folgende Geschichte: Bei einem Empfang, auf dem der deutsche und der israelische Präsident gesprochen hatten, kam ein hochrangiger deutscher Beam-

ter auf ihn zu und sagte: Ihr Präsident spricht ja wunderbar. Und Bubis antwortete: Ja, der Herr Herzog spricht immer sehr schön. Darauf der Beamte: Nein, nein, nein, ich meinte Ihren Präsidenten!

Als Direktor des Jüdischen Museums: Wie empfinden Sie das Verhältnis von Deutschen und Juden?
Es ist noch immer nicht unkompliziert. Die Nichtjuden sind so bemüht, die Juden nicht vor den Kopf zu stoßen. Immer kommt dann dieser Satz: Sie können das sagen, wir nicht. Das passiert mir dauernd.

Fühlen Sie sich in Deutschland jüdischer als in den USA?
Ja. Ich komme als Amerikaner an und fahre als Jude wieder weg. Hier fühle ich mich als Jude, denn es vergeht kein Tag, an dem ich nicht mit jemandem zusammen bin, der mir auf subtile Art zu verstehen geben will, dass er meine Herkunft kennt – er meint es als nette Geste.

Gibt es für Sie einen Schlüssel zu einem glücklichen Leben?
Es geht darum, dass man keine Rolle annimmt, die gar nicht zu einem passt. Meine Erfahrung ist: Man kommt am weitesten, wenn man den Leuten nichts vormacht.

Sie hatten damit nie Schwierigkeiten?
Doch. Das Taktieren, die Menschenkenntnis, das Gefühl für die Macht, all das braucht es schon. Aber man kann trotzdem jemand sein, dem die Menschen vertrauen.

➡ **WERNER MICHAEL BLUMENTHAL**
wurde 1926 in Berlin geboren, seine jüdische Familie floh 1939. Er studierte in San Francisco und Berkeley. In den sechziger Jahren arbeitete er für das US-Außenministerium; von 1976 bis 1979 war er US-Finanzminister. Seit 1997 leitet er in Berlin das Jüdische Museum. 2010 erschien seine Autobiografie *In 80 Jahren um die Welt*.

PHILIPPE POZZO DI BORGO
»Ich brauchte einen irren Typen wie Abdel«

DER UNTERNEHMER PHILIPPE POZZO DI BORGO IST NACH EINEM GLEITSCHIRMABSTURZ GELÄHMT. SEIN PFLEGER HALF IHM AUS DER DEPRESSION

29. März 2012
Das Gespräch führte Louis Lewitan
Foto von Stefan Nimmesgern

Herr Pozzo di Borgo, was bedeutet Ihnen das Leben heute?
Ich habe das große Glück, zwei Leben erfahren zu haben. Ich war einmal sehr egoistisch, wie unsere Gesellschaft so ist. Ich war an Geld interessiert, ich war ehrgeizig und gierig. Ich habe inzwischen meine verlorene Unschuld zurückbekommen und mich in der Stille und im Schmerz wiedergefunden. Leiden begreife ich als eine Form des Widerstandes, was mich stark an meinen Großvater erinnert, der in der Résistance war und ein Konzentrationslager überlebte.

Erinnern Sie sich noch an den Tag Ihres Unfalls?
Beruflich und psychisch stand ich unter starkem Druck. Die französische Aktiengesellschaft LVMH (Louis Vuitton Moët Hennessy) hatte die beiden Champagnerhäuser Pommery und Lanson, die ich leitete, übernommen. Ihre Art, Geschäfte zu führen, entsprach in keiner Weise meiner Philosophie. Als deren Angestellter musste ich die halbe Belegschaft feuern. Es war für die Betroffenen verheerend. Es war gegen alles, was ich für richtig hielt. Ein Massaker an Unschuldigen, reines McKinsey-Zeug.

Was genau passierte dann?
An dem Tag war ich auf dem Weg in die Schweiz, um eine Tochtergesellschaft zu schließen. Ich wusste, es wird ein harter Tag, als mein Gleitschirmfreund mich anrief, ob wir nicht fliegen wollen. Ich hätte an dem Tag niemals fliegen dürfen. Ich war in keiner guten Verfassung. Ich hätte es wissen müssen.

Wie alt waren Sie, als Sie abstürzten?
Ich war zweiundvierzig, und seitdem sitze ich im Rollstuhl. Ich bin vom Hals ab vollständig querschnittsgelähmt. Ich spüre nichts außer brennende Schmerzen, ein Dauerfeuer.

Was halten Sie von Mitleid?
Ich will weder Mitleid noch Mitgefühl. Was ich brauche, ist Unterstützung. Es gibt mir nichts, wenn der andere sich gut fühlt, bloß weil er barmherzig zu mir ist. Da pfeife ich drauf. Ich brauchte jemanden wie Abdel.

Wie war Ihr erster Eindruck von Abdel?
Als ich ihn sah, war mir sofort klar, dass er originell ist, witzig und zäh und unverwüstlich. Und vierundzwanzig Stunden verfügbar. Er kam frisch aus dem Gefängnis, was er mir gegenüber natürlich verschwieg. Aber mir war das von Anfang an bewusst. Er schien mir der Beste zu sein. Seine Vergangenheit kümmerte mich nicht.

Hatten Sie gleich Vertrauen zu ihm?
Am Anfang dachte er, ich sei eine Bank und würde meine Lähmung gut verkraften. Als meine Frau drei Jahre nach meinem Unfall starb, begriff er, dass er mir sehr wertvoll und nützlich sein könnte. Ich verfiel in eine Depression.

Wie schwer war Ihre Depression?
Ich habe monatelang niemand sehen wollen. Ich wollte das Bett nicht verlassen, nicht mehr aufstehen und sprechen. Nach dem Verlust meiner Frau fühlte ich mich schuldig, weil ich nicht für sie da war, als sie mich brauchte.

Was heißt das konkret?
Ich wusste nicht mit ihrer Krebserkrankung umzugehen. Als die Diagnose kam, waren wir beide einunddreißig Jahre alt. Sie war stark, ich nicht. Ich musste flüchten. Ich verschwand für ein halbes Jahr. Während meine Frau Qualen litt, verhielt ich mich völlig unverantwortlich. Ich ging zum Gleitschirmfliegen und mit anderen Frauen aus. Wie dumm von mir. Es war natürlich keine Lösung, aber es half mir, mich etwas abzulenken. Sie litt enorm darunter. Ich kam zurück, weil ich mich doch nach ihr und den Kindern gesehnt habe. Sie reagierte mit Sanftmut und hat mich getröstet wie ein Kind, was ich auch war. Nach meinem Unfall hat sie mich rührend umsorgt.

Haben Sie jemals psychologische Hilfe in Anspruch genommen?
Ja, meine Kinder und ich. Vor meiner Therapie hatte ich, wie die meisten Männer, Angst vor Gefühlen. Danach konnte ich tun, wozu mich meine Frau schon immer aufgefordert hatte, meine Schmerzen in Worte fassen. Erst so war es mir möglich, meine Geschichte aufzuschreiben.

Hat sonst niemand versucht, Sie aus Ihrer schweren Depression herauszuholen?
Nein, alle fürchteten sich vor meiner extremen Behinderung. Umso mehr brauchte ich so einen Typen wie Abdel, jemanden, der mich aus meiner körperlichen und mental schmerzhaften Verfassung herausholt. Abdel war von meinem Zustand nicht eingeschüchtert. Er machte allen möglichen Unfug mit mir. Er brachte mich nach Marokko, wo ich meine zweite Frau kennenlernte, und alles fing von vorne an.

Was gibt Ihnen Hoffnung?
Meine Frau, meine Kinder, mein neues Leben.

➡ **PHILIPPE POZZO DI BORGO**
geb. 1951, war erfolgreicher Geschäftsmann, bis er mit seinem Gleitschirm schwer verunglückte. Der Film *Ziemlich beste Freunde* basiert auf seiner Lebensgeschichte, und erreichte allein in Deutschland über 8 Millionen Zuschauer.

MATTHIAS BRANDT
»Wir fanden eine Nähe, die anders war«

MATTHIAS BRANDT ÜBER DIE DEMENZ-ERKRANKUNG SEINER MUTTER UND WIE ER LERNTE, DAMIT UMZUGEHEN

22. September 2011
Das Gespräch führte Herlinde Koelbl
Foto von Herlinde Koelbl

Herr Brandt, für Deutschland war Ihr Vater prägend – aber für Ihr Leben war es Ihre Mutter.
Mein Vater war ja nur sporadisch zu Hause. Darum kann ich auch nie auf die Frage antworten, wie es denn unter einem so dominanten Vater gewesen sei. Für mich waren die Kräfteverhältnisse in der Familie vollkommen andere. Auch meine Brüder, zehn und dreizehn Jahre älter als ich, waren im Alltag kaum präsent. So bin ich unter Frauen aufgewachsen: Es gab meine Mutter, unsere geliebte Haushälterin und ein Au-pair-Mädchen.

Unterschied sich die Liebe zu Ihrer Mutter von jener zum Vater?
Die Liebe zu meinem Vater war immer gehemmt. Ich habe ihn als hermetischen Menschen erlebt, zu dem man erst durchdringen musste. Meine Mutter hingegen war zugewandt, direkt und warmherzig. Ich war immer zufrieden, wenn ich mit ihr alleine war und mein Vater diese Atmosphäre nicht störte.

Wie formte diese Beziehung Sie?
Wenn ich an meine Mutter denke, dann denke ich oft an Momente großer Innigkeit. Sie hatte ein großes Herz, bis hin zur Kritiklosigkeit. Das war die Konstante meiner Kindheit: Liebe zu erfahren,

ohne dass daran Bedingungen geknüpft wären. Dieses Fundament trägt mich bis heute.

Wie erlebten Sie die Trennung Ihrer Eltern?
Nicht als etwas Schlimmes. Ich hatte ja gemerkt, dass sie keine glücklichen Menschen mehr miteinander waren und in Sprachlosigkeit erstarrten. Meine Mutter fand dann noch ihr spätes Glück: Mit ihrem zweiten Mann Niels gewann sie eine Lebensfreude, die ich an ihr lange nicht bemerkt hatte. Die beiden waren noch 25 Jahre lang ein ganz tolles Paar.

Mit 18 zogen Sie aus. Wie eng blieb das Verhältnis zu Ihrer Mutter?
Sie hat mich kontinuierlich unterstützt, hat tapfer Theatervorstellungen abgesessen, von denen ich weiß, dass sie ihr nicht gefallen haben können, und hinterher hat sie das Gegenteil behauptet. Wieder diese Bedingungslosigkeit. Das war schön für mich und wichtig.

Doch dann begannen Sie, Ihre Mutter zu verlieren. Wie haben Sie den Beginn ihrer Demenz bemerkt?
Meine Mutter war ja eine Repräsentationskünstlerin: Wenn ich drei, vier Mal im Jahr nach Bonn zu Besuch kam, konnte sie den Eindruck aufrechterhalten, alles sei in Ordnung. Doch als ihr Mann ins Krankenhaus musste, wurde offensichtlich, dass sie alleine nicht mehr zurechtkam. Also holten wir sie zu uns nach Berlin. Nun fand sich diese stolze Person in einer Lage wieder, die sie für sich immer ausgeschlossen hatte. Auf einmal musste ich für sie entscheiden, während sie ständig abstritt, Hilfe zu brauchen. So etwas bringt eine Kleinfamilie an ihre Grenzen.

Konnte sie ihren Stolz bewahren?
Die würdige Unterbringung eines alten Menschen ist bei uns – entgegen allen Beteuerungen – eine reine Geldfrage. Bei der Besichtigung eines Heims sagte meine Mutter: Das sieht ja hier aus wie im Hotel! Damit hat sie uns eine Brücke gebaut. Fortan konnte sie vom »Hotel« reden, in das sie zog. Und wir sagten immer, wir kommen dich im »Hotel« besuchen. Das funktionierte gut.

Wie haben Sie akzeptiert, dass Ihre Mutter nicht mehr dieselbe sein würde?
So wie sie ihr Leiden anfangs verleugnete, so habe auch ich verschiedene Formen von Abwehr und Ausweichen durchlebt. Ich hatte auf einmal sehr viel zu arbeiten und konnte leider nicht so oft vorbeischauen ... In Wirklichkeit war das ein Fluchtverhalten. Es beutelt einen wahnsinnig, wenn ein so naher Mensch plötzlich nicht mehr so ist, wie er immer war. Das wirft man ihm dann ungerechterweise vor.

Und der Umgang mit Dementen ist oft kräftezehrend.
Natürlich möchte kein Mensch dreißig Mal das Gleiche gefragt werden, und statt aus der Gegenwart erzählte meine Mutter Erinnerungen an ihre Kindheit. Aber dabei lernte ich Dinge, die wusste ich vorher nicht. Da erkannte ich: Meine Kriterien sind jetzt nicht mehr der Maßstab, sondern ich muss in jedem Moment versuchen, mich darauf einzulassen und mitzugehen. Das war meine Rettung, denn so fanden wir wieder eine Kommunikation und Nähe, die zwar anders war als früher, aber nicht weniger eng. Dadurch bekam ich nicht das Gefühl, dass sie sich durch die Krankheit von mir entfernt.

Es war also ein gutes Ende?
Ja. Meine Mutter und ich haben nie irgendwelche Rechnungen gegeneinander aufgemacht, kein »Gibst du mir das nicht, dann gebe ich dir das nicht«. Es war einfach diese Bedingungslosigkeit. Insofern bin ich da sehr, sehr ruhig. Ich konnte sie gut gehen lassen.

➡ MATTHIAS BRANDT
geb. 1961, jüngster Sohn des früheren Bundeskanzlers Willy Brandt und dessen zweiter Ehefrau Rut ist Schauspieler. Seit 2011 spielt er den Ermittler Hanns von Meuffels im *Polizeiruf 110*. In dem 2012 in die Kinos gekommenen Doris-Dörrie-Film *Glück* ist Brandt in der Rolle des Anwalts Noah Leyden zu sehen.

SIBYLLE CANONICA
»Mich können nur die Engel retten...«

**SIBYLLE CANONICA ÜBER EINEN
BEINAHE TÖDLICHEN UNFALL MIT EINEM LKW**

20. Mai 2010
Das Gespräch führte Herlinde Koelbl
Foto von Herlinde Koelbl

Frau Canonica, Sie hatten vor einigen Jahren einen schlimmen Unfall. Was genau ist da passiert?
Ich wurde von einem Lastwagen eingequetscht, als wir in Passau eine Szene für einen Film drehten. Ich sollte mit meiner Filmtochter eine enge abschüssige Gasse hinuntergehen, während ein Tieflader mit unserem abgeschleppten Auto hinter uns in die Gasse einbog. Irgendwie hat uns der Fahrer übersehen, und die Seite der Ladefläche hat mich plötzlich erfasst. Meine Filmtochter konnte ich noch rechtzeitig in einen Hauseingang schieben. Aber mich hat's erwischt.

Sie wurden an die Wand gedrückt?
Ja, gegen einen Mauervorsprung. Ich fühlte mich, als würde ich zwischen zwei Betonplatten gepresst. Aber seltsamerweise wurde ich nicht ohnmächtig, sondern erlebte das alles bei vollem Bewusstsein. Der Druck wurde immer größer. Ich hatte Todesangst. Und ich wusste genau, dass der, der am Steuer sitzt, das nicht realisiert.

Was haben Sie da getan?
Ich habe geschrien wie noch nie in meinem Leben. Doch der Laster rollte weiter. Ich spürte, dass mein Beckenknochen bricht, und es hat einen inneren Riss gegeben. Es kam mir vor, als würde sich die Zeit

dehnen. Jede Sekunde dauerte eine Ewigkeit. Ich konnte zwar kaum etwas hören, so als hätte ich Watte in den Ohren. Aber ich sah alles ganz scharf. Ich sah die Gasse und über mir den Himmel als blaues Band – und überall Leute, die mit verschränkten Armen auf ihren Fenstersimsen lehnten und zuschauten. Die guckten nur, und keiner schrie »Halt!«. Das war für mich das Schlimmste an diesem Erlebnis.

Dass die Leute schweigend zusahen, ohne zu helfen?
Ja, das Gefühl, dass ich total ausgeliefert bin und diese Leute mich retten könnten, aber nichts unternehmen. Das hat mich schockiert. Dieses Gaffen der Leute werde ich nie vergessen.

Und dann hat der Fahrer Sie doch bemerkt?
Irgendwann hat er mein Schreien gehört, und der Laster blieb endlich stehen. Aber auch der Fahrer stand unter Schock. Deshalb kletterte ein Mann von der Absperrfirma in den Führerstand. Er legte den Rückwärtsgang ein, um den Laster zurückzufahren, und ich dachte, da es ja bergab ging: Wenn er ihn auch nur einen Zentimeter weiter auf mich zurollen lässt, ist es vorbei. Jetzt können mich nur noch die Engel retten. Aber irgendwie hat er es geschafft, und ich war frei. Ich konnte mich nicht halten, weil meine Knochen kaputt waren. Dann sprang jemand anderer herbei und fing mich auf, bevor ich aufs Pflaster stürzte, sonst hätte ich mir wohl das Genick gebrochen.

Sie hatten großes Glück.
Der Arzt sagte mir später: Zwei Millimeter mehr, und ich wäre im günstigsten Fall querschnittgelähmt gewesen. Mein Becken war zertrümmert, und ich hatte starke innere Blutungen.

Kann man sagen, dass Ihr Schreien Sie gerettet hat?
Ja, obwohl ich eher sagen müsste: Es hat geschrien. Mit jedem Atemzug hat es aus mir geschrien. So laut, dass man es über die Häuser hinweg noch bis zum Marktplatz hörte, wie mir später Leute erzählten. Und das fand ich erstaunlich, weil ich zuvor nie ein Mensch war, der schreien konnte. Auf der Schauspielschule machten wir Improvisationsübungen, bei denen wir Ur-, Angst- und Freudenschreie

ausstoßen sollten. Ich war fasziniert von meinen Kollegen, die das konnten – aber ich selbst habe keinen Ton herausgebracht. Ich war unfähig, zu schreien. Erst als dieser Laster mich einquetschte, war jeder Atemzug ein Schrei.

Wie hat dieses Erlebnis Ihr Leben verändert?
Mir wurde klar, dass man kein Gaffer sein darf, so wie die Menschen an den Fenstern. Dass man bei einem Unglück die erste Schrecksekunde überwinden und sofort handeln muss. Tatsächlich bin ich seitdem mehrmals in solche Situationen geraten. Einmal habe ich in den Bergen ein kleines Kind festgehalten, das um ein Haar in einen Abgrund gestürzt wäre. Und auf einem Schiff habe ich bemerkt, wie ein Mann ohnmächtig wurde, und konnte gerade noch verhindern, dass er mit dem Kopf auf den Metallplanken aufschlug. Wenn ich mir nach meinem Unfall nicht ins Hirn geschrieben hätte, dass ich mich wieder überwinden muss, hätte ich in diesen Situationen nicht rechtzeitig reagiert.

SIBYLLE CANONICA
wurde 1957 in Bern geboren und studierte Schauspiel an der Essener Folkwangschule. Neben ihrem Engagement am Bayerischen Staatsschauspiel trat sie auch in zahlreichen Fernseh- und Kinofilmen wie *Bella Martha* oder *Jenseits der Stille* auf.

JULIA FISCHER
»Ich werde Yakov bei mir behalten«

DIE VIOLINISTIN JULIA FISCHER ÜBER EINEN VERSTORBENEN DIRIGENTEN, DER SIE GEPRÄGT HAT

28. Juli 2011
Das Gespräch führte Herlinde Koelbl
Foto von Herlinde Koelbl

Frau Fischer, Sie hatten ein enges Verhältnis zum Dirigenten Yakov Kreizberg – dabei wäre Ihre erste Begegnung beinahe ein Fiasko geworden ...
Das war an jenem Tag im Jahr 2003, als die Concorde ihren Betrieb einstellte. Mein Management hatte das übersehen, und so spielte ich abends in Glasgow und sollte am nächsten Mittag in Amerika mit dem Philadelphia Orchestra und Yakov Kreizberg proben. Ich fuhr die ganze Nacht, um fünf Uhr früh kam ich am Londoner Flughafen an und schaffte es trotzdem nicht pünktlich nach Philadelphia. Die Musiker mussten eine Stunde auf mich warten.

Das war Ihr Debüt bei einem der besten Orchester der Welt?
Mir war klar, dass es eine Frechheit ist, sich da hinzustellen, ohne Tage vorher angereist und vorbereitet zu sein. Zumal ich das Violinkonzert von Chatschaturjan zum allerersten Mal spielte. Und Kreizberg dirigierte es zum ersten Mal. Ich also mit der Geige in der Hand vom Auto auf die Bühne, seit fast zwei Tagen nicht geschlafen – ich war wirklich an meiner körperlichen Grenze. Wir trafen uns vor den Augen des Orchesters: Hallo, ich bin Yakov, ich bin Julia, schon mussten wir anfangen. Und es war, als hätten wir das Stück bereits hundertmal miteinander gespielt. Wir haben es völlig gleich interpretiert.

Ihre Harmonie hat Sie also vor einer Blamage gerettet?
Ja. Die fehlgelaufene Organisation wäre keine Entschuldigung gewesen. Wenn auf der Bühne etwas nicht klappt, interessiert es keinen, was die äußeren Umstände sind. Aus demselben Grund waren die zwei Jahre vor dem Abitur so eine anstrengende Zeit: Die Lehrer interessierte es auch nicht, ob ich abends zuvor ein Konzert hatte. Morgens um sechs ging der Flug zurück nach München, Punkt acht saß ich in der Schule und schrieb die Prüfung mit.

Fiel es Ihnen als Teenager nicht schwer, so diszipliniert zu sein?
Ich bin damit großgeworden, dass man zu sich selbst am strengsten sein muss. Bei meiner Geigenlehrerin Lydia Dubrowskaja musste ich immer selber sagen, was schlecht war. Das ist sehr gesund. Wahres Selbstbewusstsein kommt nicht daher, dass man weiß, was man kann, sondern dass man weiß, was man nicht kann.

Und Selbstbewusstsein haben Sie!
Mein erster Geigenlehrer sagte meiner Mutter: Die kennt keine Angst. Ich weiß noch, wie ich mit dreizehn Jahren mit dem weltberühmten Dirigenten Lorin Maazel diskutiert habe. Bei einem Bach-Konzert war ich gar nicht einverstanden mit seinem Tempo. Das ist viel zu schnell, so können wir das nicht machen, sagte ich. Dieses Selbstbewusstsein gehört zum Beruf. Man kann sich als Solist nicht vor ein Orchester stellen, wenn man nicht völlig überzeugt ist von dem, was man will.

Trotzdem musste Kreizberg Sie drängen, CDs aufzunehmen. Warum?
Damals war ich zwanzig, da ändert man seine Interpretationen noch zu schnell. Man sollte sie erst festhalten, wenn sie in einem gewachsen sind. Zudem hatte ich ein kleines Trauma: Als Kinder sollten mein Bruder und ich in einem slowakischen Radiosender ein Vier-Minuten-Stück aufnehmen. Doch wir spielten drei Stunden, damit der Tonmeister, der sich wohl selbstverwirklichen wollte, hinterher Note an Note kleben konnte. So etwas wollte ich nie wieder machen.

Was hat Kreizberg Ihnen sonst mitgegeben?
Bei einem unter Geigern berüchtigten Prokofjew-Konzert hatte ich mal einen unfassbar ärgerlichen Gedächtnisaussetzer, bei dem ich einen Takt wegließ. Yakov rettete mich und schaffte es, dass wir trotzdem gemeinsam aufhörten. Im Publikum hat das letztlich keiner mitgekriegt, aber ich war danach deprimiert. Yakov erinnerte mich daran, dass wir Menschen sind, und Menschen machen Fehler. Das gebe ich selten zu ... (Auch Yakov hat das selten zugegeben!)

Sie sind also gelassener geworden?
Ja. Früher waren wir beide unerbittlich. Entweder wird das immer schlimmer, oder man wird gelassener. Bei mir ist das Zweite der Fall. So war es auch bei Yakov: Letztes Jahr spielten wir bei den Wiener Symphonikern, erstmals nach seiner langen Krankheit und der Geburt meines Sohnes. Während dieses Konzerts sind ein paar kleine Patzer passiert, da wäre er früher an die Decke gegangen. Aber er fand die Aufführung trotzdem schön. Seine Krankheit hatte ihn besonnener gemacht. Er genoss jeden Moment, den er noch dirigieren konnte.

Wird er Sie weiter begleiten?
Yakov hat mich fürs Leben geprägt, als Freund und Mentor. Ich kannte ihn so gut, dass ich bei vielen Dingen weiß, was er jetzt sagen würde. So werde ich ihn immer bei mir behalten. Er wird mich sicherlich auch weiter retten.

➡ **JULIA FISCHER**
geboren 1983 in München, gab bereits mit acht Jahren ihr erstes Violinkonzert mit Orchester. Seit 2011 ist sie Professorin an der Münchner Musikhochschule. Sie arbeitete unter anderem mit dem Dirigenten Yakov Kreizberg, der im März 2011 mit einundfünfzig Jahren starb. Vor kurzem erschien *Poeme*, die letzte gemeinsame CD von Fischer und Kreizberg.

AMELIE FRIED
»Bevor ich zur Mörderin werde, schreibe ich«

➡

AMELIE FRIED ÜBER EINEN NACHBARSCHAFTSSTREIT, DER IHRE KARRIERE ALS BESTSELLERAUTORIN BEGRÜNDETE

4. August 2011
Das Gespräch führte Louis Lewitan
Foto von Stefan Nimmesgern

Frau Fried, Sie sind eine erfolgreiche Bestsellerautorin, bald erscheint Ihr neunter Roman. Wie alt waren Sie, als Sie anfingen zu schreiben?
Ich habe mit elf angefangen, Tagebuch zu schreiben, und zwar ausgelöst durch das Buch *Harriet – Spionage aller Art*. Es handelte von einer Elfjährigen, die in ihrer Umgebung alle ausspionierte, weil sie so gerne verstehen wollte, wie die Menschen funktionieren. Alle ihre Erkenntnisse vertraute sie ihrem Tagebuch an. Das habe ich auch gemacht, bis ich Ende dreißig war. Als unser erstes Kind kam, begann ich mit dem Bücherschreiben.

Gab es jemals eine Geschichte, die Sie an den Rand der Verzweiflung gebracht hat?
Oh ja! Das Buch *Der Mann von nebenan* geht auf einen Nachbarn zurück, mit dem wir Gartenzaun an Gartenzaun lebten. Dieser Mann hat uns viele Jahre gequält und einen solchen Terror entfaltet, dass wir kurz davor waren, dieses von uns sehr geliebte Haus wieder zu verlassen und wegzuziehen. Das Buch hatte eine Art therapeutische Funktion für mich.

Worin bestand die Quälerei?
Man kennt ja diesen Typus des notorischen Querulanten, der immer

an allem und jedem etwas auszusetzen hat. Wenn ein Blatt von einem unserer Apfelbäume über den Zaun in seinen Garten fiel, dann war das für ihn ein Grund, sich zu beschweren. Oder die Thujenhecke, die ihm eines Tages einfach nicht mehr passte, obwohl er selbst unsere Vorgänger genötigt hatte, sie zu pflanzen.

Wer spricht jetzt: die Autorin?
Nein, nein, wir reden noch von der Wirklichkeit. Richtig dramatisch wurde es, als wir einen genehmigten Anbau von hundert Quadratmeter Grundfläche aufstellten. Durch einen Fehler im amtlichen Lageplan ist dieser Anbau sage und schreibe vierzig Zentimeter zu nah an sein Grundstück gerückt, und da kam seine große Stunde.

Wie hat er die vierzig Zentimeter überhaupt bemerkt?
Er ist eines Tages unter dem Gartenzaun durch. Unter dem Vorwand, die Thujenhecke zu messen, hat er einen Zollstock bis zu unserem Haus geschoben. Ich weiß nicht, was wir ihm alles an Entschädigung angeboten haben, aber er wollte den Abriss.

Wie haben Sie den Kleinkrieg ertragen?
Er hat die ganze Familie belastet. Mein Mann und ich haben ständig darüber diskutiert, abends lagen wir im Bett, und der Nachbar lag sozusagen zwischen uns. Irgendwann bekam ich Mordgelüste. Ich sage es ganz ehrlich. Es gab viele Male, wo ich mir dachte, weißt du was, ich nehme jetzt die Gartenhacke und beende diesen Nachbarschaftsstreit. Dann dachte ich, vielleicht doch keine so tolle Idee, du bist Mutter zweier kleiner Kinder, vielleicht solltest du die nächsten Jahre besser nicht im Knast verbringen.

Gibt es also Menschen, die Sie als Schriftstellerin sprachlos machen?
Nein, im Gegenteil, mein Nachbar hat mich außerordentlich sprachmächtig werden lassen. Ich habe nämlich gedacht, bevor ich jetzt wirklich zur Mörderin werde, greife ich zu meinen eigenen Mitteln und schreibe einen Roman über eine geschiedene junge Frau, die mit ihrem Sohn in ein kleines bayerisches Dorf zieht. Der anfänglich so hilfsbereite Nachbar entpuppt sich als ein psychopathischer Klein-

geist, eine Art Blockwart, der sie so lange drangsaliert, bis sie und ihre Freundinnen den Mann gemeinsam umbringen und in einem Waldweiher versenken.

Ging es Ihnen danach besser?
Oh ja! Es hatte eine großartige kathartische Wirkung, diesen literarischen Mord zu begehen. Danach konnte mein Nachbar mir nicht mehr viel antun. Wann immer ich ihn sah, dachte ich, du liegst ja längst im Waldweiher, du weißt es nur noch nicht.

Wie ging die Geschichte weiter?
Das Buch ist verfilmt worden, und zwar mit Axel Milberg in der Rolle des bösen Nachbarn! Bald wusste das ganze Dorf, wer mein Hauptinspirationslieferant war. Irgendwann traute mein wirklicher Nachbar sich offenbar nur noch durch seine Tiefgarage aus dem Haus und wusste, er ist das Gespött des ganzen Dorfes. Ich neige nicht zur Schadenfreude, aber das hat mir richtig gutgetan.

Das Schreiben in der Fiktion gab Ihnen die Souveränität über den Alltag zurück?
Ja, bestimmte Dinge lassen sich durch Fiktionalisierung wunderbar erledigen. Ich hatte mir die Oberhoheit über mein Leben zurückerobert. Das hat mich gerettet, ich wäre sonst dran kaputtgegangen. Letztlich war mein Nachbar der Anstoß für meinen Roman, und ich bin ihm heute noch dankbar für die Inspiration.

➤ **AMELIE FRIED**
geb. 1958, ist Bestseller-Autorin, ihre Kinderbücher sind preisgekrönt. Sie wurde als TV-Moderatorin von Talkshows wie *Live aus dem Alabama* und *3nach9* bekannt. 2011 erschien u.a. ihr Roman *Eine windige Affäre* und 2012 ihr Sachbuch *Verliebt, verlobt ... verrückt*, das sie zusammen mit ihrem Mann Peter Probst geschrieben hat.

GUNTER GABRIEL
»Eine Prostituierte fing mich auf«

**GUNTER GABRIEL ÜBER ABSTÜRZE UND
SEINEN WEG AUS DER DEPRESSION**

12. Mai 2010
Das Gespräch führte Ijoma Mangold
Foto von Stefan Nimmesgern

Herr Gabriel, Ihre Biografie ist ja ein ziemliches Auf und Ab – so viele Siege und Niederlagen, mit Reichtum und Schulden, auch mit Alkohol. Ist das Leben im Schleuderkurs intensiver?
Auf jeden Fall. Aber ich habe mir das nicht ausgesucht. Es hat etwas mit meinem störrischen Temperament zu tun. Ich musste mich immer gegen meinen Vater wehren, der ein großer Prügler war. Er hat mich als jemanden gesehen, der ihn um eine Menge Geld betrogen hat. Ich war die Reihenhaushälfte, auf die er verzichten musste, weil ich geboren wurde. Das fand ich dermaßen pervers, dass ich gesagt habe: Da mache ich niemals mit.

Geld hat in Ihrem Leben eine große Rolle gespielt – in den achtziger Jahren verloren Sie Ihr ganzes Vermögen.
Ja, das war eine schlimme Zeit. Mich hatten nach den ersten großen Erfolgen die falschen Leute beraten. Ein Freund erzählte mir von einem Bauherrenmodell, mit dem man Steuern sparen könne. Am Ende hatte ich zehn Millionen Mark in den Sand gesetzt und einen Riesenberg Schulden.

Wie lebt es sich, wenn man alles verloren hat?
Ich musste meine damalige Frau jeden Tag um fünf Mark anbetteln. Das war eine solche Demütigung. Irgendwann sagte sie: Geh ans

Fließband, und verdiene dein eigenes Geld. Deine Karriere ist zu Ende, kapier das endlich! Das war bitter. Ich habe damals alles gesoffen, was ich in die Finger bekam. Fernet Branca, die 3-Liter-Flasche Retsina. Nur um schlafen zu können. Die Folge waren Depressionen.

Hat Ihre Ehe die Krise überstanden?
Nein, ich konnte diese Erniedrigung nicht ertragen. Ich wurde gefährlich. Da flogen oft die Fetzen. Sie hat mich dann aus dem Haus gejagt.

Sie wurden handgreiflich?
Ja. Ich war jähzornig durch diesen ständigen Druck. Keine Plattenfirma wollte mich mehr, kein Veranstalter. Meine Frau war die erste Leidtragende, was mir heute noch leidtut. Da ging viel Mobiliar und Porzellan kaputt. Ich fühlte mich danach sehr schäbig, zumal ich sie ja auch für ihre Klarheit gewissermaßen bewunderte. Stell dich der Realität!, sagte sie. Ich habe dann zehn Jahre im Wohnwagen und auf der Autobahn gelebt.

Wie kamen Sie aus dieser Krise wieder raus?
Irgendwann tauchte Carin auf. Das war so Mitte der neunziger Jahre. Sie war eine Prostituierte, aber wir haben uns ineinander verliebt. Prostituierte können ja sehr gut mit Menschen umgehen. Ich war damals immer noch schwer depressiv, aber diese Frau hat mich durch ihr praktisches Denken gerettet. Es war nicht die Sexualität, die uns zusammenbrachte. Sie hat mich aufgefangen in meiner Pein, meiner Not. Sie sagte: Wie riechst du denn überhaupt? Du brauchst ja erst mal ein Vollbad. Ich habe dann sogar in ihrem Haus gewohnt, obwohl ich mich anfangs dagegen wehrte. Denn irgendwie fühlte es sich falsch an.

Warum?
Carin war vollkommen ungebildet. Wenn du ihre Handschrift gesehen hast, das war, als ob ein Spatz über ein weißes Blatt Papier gelaufen ist. Aber sie sagte zu mir: Pass mal auf, jetzt manage ich dich. Sie hat dafür gesorgt, dass ich wieder ordentliche Gagen bekam, sie

war buchhalterisch wirklich fit. Aber ich hatte vor ihrem Haus immer meinen Wohnwagen geparkt. Sie wusste, dass ich eines Tages abhauen würde. Nach zwei glücklichen Jahren kam ich eines Abends eher nach Hause als geplant, und da lag sie mit einem anderen Kerl im Bett. Sie sprang in ihren Mazda MX 5 und ich in meine Karre, und dann haben wir uns gejagt auf der A2 zwischen Dortmund und Bielefeld. Schlimme Sache. Ich habe sie überholt, dann eine Vollbremsung hingelegt. Ich habe ihren wunderbaren Mazda viereckig gefahren. Ich war wie von Sinnen. Liebesschmerz ist etwas ganz Furchtbares. Wie Seekrankheit. Da kannst du auf dem Schiff hinrennen, wo du willst, du kotzt immer.

Haben Sie das Gefühl, dass Sie aus alldem etwas gelernt haben?
Ja, sehr viel. Deswegen finde ich auch Abstürze viel interessanter, als immer oben auf dem Berg rumzukrabbeln.

Wie sieht Ihr Leben heute aus?
Ich trete wieder regelmäßig auf und bin ganz gut im Geschäft. Seit zwölf Jahren lebe ich allein auf einem Hausboot. Seitdem habe ich nicht mal mehr einen Anflug von Depressionen. Nachts höre ich das Plätschern der Wellen gegen die Bordwand, und morgens scheint die Sonne herein. Das Hausboot ist das Beste, was mir passieren konnte.

➡ **GUNTER GABRIEL**
geb. 1942 im westfälischen Bünde, ist Sänger und Komponist. Anfang der siebziger Jahre hatte er Erfolg mit Songs im Country-Stil, etwa »Hey Boss, ich brauch mehr Geld«. 2009 erschien bei Edel seine Autobiografie *Wer einmal tief im Keller saß – Erinnerungen eines Rebellen* und seine CD *Sohn aus dem Volk*.

RALPH GIORDANO
»Der Blick meines Bruders hielt mich davon ab, abzudrücken«

RALPH GIORDANO ÜBER EINEN NAZI, AN DEM ER SICH RÄCHEN WOLLTE

26. August 2010
Das Gespräch führte Louis Lewitan
Foto von Stefan Nimmesgern

Herr Giordano, Ihre Wohnung ist so hell, so lichtdurchflutet.
Helligkeit ist etwas verdammt Wichtiges für mich. Sie ist für mich ein Symbol dafür, dass mein Leben in dieser Schwärze, in der ich steckte und auch manchmal immer noch stecke, sich immer wieder aufhellt, dass ich mit meinen sechsundachtzig Jahren letztlich eigentlich ein Glückskind bin, trotz allem, was dagegen gestanden hat.

Wann brach bei Ihnen die dunkle Zeit an?
Als ich fünfzehn war, sie dauerte von 1938 bis 1945. Mein Verbrechen bestand darin, dass ich eine jüdische Mutter hatte.

Was genau geschah im Alter von fünfzehn?
Es hat am Johanneum in Hamburg einen Lehrer gegeben, der mich in einen Selbstmordversuch getrieben hat, die »Speckrolle«. Der schlimmste Antisemit, der mir persönlich begegnet ist. Er war die Verkörperung des Bösen. Für gute Arbeiten gab es nur schlechte Zensuren. Ich dachte, du hältst das nicht durch, der Mann verkörpert eine Übermacht. Und dann war auch dieser Gedanke, du bist als verschriener Jude, als Sohn einer jüdischen Mutter, so verbrecherisch, so übel. In jeder Zeitung, überall sind die Juden ja als Untermen-

schen, als Verbrecher angeprangert worden. Ich hatte Minderwertigkeitskomplexe und fühlte mich als Passivum und nicht als Aktivum.

Wie haben Sie versucht, Ihrem Leben ein Ende zu setzen?
Ich bin nachts zu der Tür des Schlafzimmers meiner Eltern gegangen – das ist jetzt über siebzig Jahre her, aber mir laufen noch die kalten Schauer den Rücken runter – und habe gedacht, ich tue euch Schreckliches an, aber es geht nicht anders. Um es kurz zu machen, ich habe im Stadtpark eine Reitbahn aufgesucht, wo es Sprunggräben gab. Ich habe mich in einen dieser Gräben geworfen und bin da vier Tage geblieben.

Was ging in Ihnen vor?
Ich wollte verhungern. Ich hoffte, ohnmächtig zu werden, aber ich wurde nicht ohnmächtig. Und da, in diesem Graben, in dieser Kälte und Nässe, etwa in der dritten Nacht, wurde mir klar, Giordano, hier geschieht etwas Böses. Aber du bist nicht das Böse, sondern die, die dir das antun. Dir geschieht Unrecht. Die sind im Unrecht, und du bist im Recht. Die Juden werden überall als Verbrecher beschrieen, aber deine Mutter ist doch der liebste Mensch. Als ich aus diesem Graben dann rausstieg, von der Zeit an habe ich nie wieder in meinem Leben Minderwertigkeitskomplexe gehabt, nie wieder. Ich bin gestärkt als Jude aus diesem Graben hervorgekommen.

Was haben Sie dann gemacht?
Ich war schmutzig, verschlammt, ein gefrorenes Stück Fleisch. Es war November, und bis nach Hause, zur Hufnerstraße 113, war es ein Weg von drei Kilometern. Ich konnte nur noch taumeln. Es hat lange gedauert, bis ich vor der Haustür war. Das sind alles Momentaufnahmen, die in meinem Kopf geblieben sind, und wenn ich hundertfünfzig Jahre alt werde. Meine Mutter sieht mich, stürzt sofort ohnmächtig zu Boden! Dieses Erlebnis war wie eine zweite Geburt.

Was ist aus Ihrem Lehrer, der Speckrolle, geworden?
Mein Bruder Egon und ich waren ab 1939 bewaffnet. Für uns war klar, nach der Befreiung würden wir die Speckrolle umbringen. Wir such-

ten ihn auf, wollten ihn töten, ohne jedes Unrechtsbewusstsein. Als er in der Tür erschien, sagte er: »Oh, die Gebrüder Giordano, wie ich mich freue, Sie zu sehen!« Der Mann hatte nur noch wenig Ähnlichkeit mit dem uniformierten Koloss von damals. Als er merkte, dass wir nicht reagierten, lief er in das Haus. Wir ihm hinterher. Im Wohnzimmer setzte er sich und legte den Kopf auf den Tisch, als wenn er sich zur Hinrichtung bereit macht und die Guillotine gleich runtergeht.

Und? Ging die Guillotine runter?
Ich stand hinter ihm, hatte die Pistole gezogen, entsichert. Ich hatte nie daran gezweifelt, dass ich abdrücken würde, wenn es so weit wäre. Aber ich tat es nicht. Nicht weil ich fürchtete, dass ich ins Gefängnis kommen würde. Jedes Unrechtsbewusstsein war gestorben. Ich guckte meinen älteren Bruder an, und da wusste ich, es ging nicht. Es war, wie mein Bruder mich anguckte. Er würde es nicht fertigkriegen. Sein Blick hat mich davon abgehalten.

Was haben Sie dann gemacht?
Ich habe der Speckrolle den Knauf ins Genick geschlagen, und dann sind wir gegangen. Wir haben ihn aber bei den Engländern angezeigt. Er kam dann in ein Internierungslager, in das Nazis gesteckt wurden. Da hat er ein Furunkel bekommen und ist gestorben. Getrauert habe ich nicht.

➡ **RALPH GIORDANO**
geb. 1923, ist Journalist, Schriftsteller und Publizist. Seine Familie überlebte Hitler-Deutschland mit knapper Not. 1982 veröffentlichte Giordano seine autobiografische Hamburger Familien- und Verfolgtensaga *Die Bertinis*. Seine Erfahrungen während der Nazizeit sind Thema vieler seiner Bücher.

NADINE GORDIMER
»Seit ich neun Jahre alt war, schreibe ich«

➡

**NADINE GORDIMER ÜBER IHRE BERUFUNG,
DIE SIE VOR SELBSTZWEIFELN BEWAHRT HAT**

19. Mai 2011
Das Gespräch führte Herlinde Koelbl
Foto von Herlinde Koelbl

Frau Gordimer, ein häufiges Motiv in Ihren Büchern ist: Letztlich bewegt sich jeder auf sich selbst zu. Sie sind nun 87 – sind Sie bei sich angekommen?
Angeblich findet man im Alter ja zur Ruhe. Aber das stimmt keineswegs. Für mich ist es eher wie eine zweite Pubertät: noch einmal alles hinterfragen, besonders die bequemen Vorstellungen, die man von sich und der Vergangenheit hat, die eigenen Motive und Enttäuschungen. Keine finsteren Grübeleien, kein »Wie konnte ich nur?«, sondern ein Forschen. Auch nach dem Sinn des eigenen Lebens. Das ist anregend und oft überraschend.

Gibt es dabei etwas, das nach allem Hinterfragen noch Bestand hat?
Ich schreibe. Das ist das Fundament meiner Identität. Seit ich neun Jahre alt war, schreibe ich, das macht mich aus. Und dieses Selbstverständnis hat mich immer vor Selbstzweifeln gerettet: In meiner Arbeit habe ich nie Abstriche gemacht, kein Verleger hatte mir hineinzureden, niemals. Alles Weitere ist für meine Identität nachrangig: dass ich Südafrikanerin bin, Weiße, Jüdin. Insbesondere das Letztere: Nicht dass ich meine Abstammung nicht wahrnähme, aber Religion habe ich keine.

Wie kommt das?
Meine Eltern waren beide jüdischer Herkunft, hätten aber nie heiraten dürfen. Mein Vater war mit dreizehn aus einer litauischen Kleinstadt gekommen, meine Mutter hingegen entstammte einer jüdischen Londoner Familie. Eine gebildete, unabhängige Frau, gar nicht religiös erzogen. Auf meinen Vater sah sie herab, sie bevormundete ihn geradezu. Zur Synagoge wagte er sich nur an Jom Kippur, um Kerzen für seine Eltern anzuzünden. Also gingen auch wir Kinder nicht hin. Was ich übers Judentum lernte, entsprang lediglich meinem allgemeinen Interesse.

Prägte diese Mutter auch Ihr Schreiben?
Das Schreiben ist ein Trieb, dazu wird man geboren oder nicht. Man bringt einen Blick für Menschen und Körpersprache mit, den man nicht lernen kann. Aber meine Mutter sorgte dafür, dass ich schon mit zwölf in die Erwachsenenbibliothek durfte. Ich konnte alles lesen, was mir gefiel, niemand machte mir Vorschriften. Das war essenziell für meine Entwicklung, für mein ganzes Leben. Denn um zu schreiben, muss man zunächst lesen, lesen, lesen. Und dazu hatte ich alle Freiheit der Welt. Als schwarzes Kind hätte ich niemals in die Bibliothek gedurft.

Weckte das Ihr Engagement gegen die Apartheid?
Das war ein anderes Erlebnis, ich werde es nie vergessen: Eines Nachts, ich war elf oder zwölf, marschierte die Polizei auf unseren Hof und durchwühlte das Zimmer unseres Dienstmädchens Liddy. Sie warfen das Bett um, rissen alles aus der Kommode – eine Alkoholrazzia, für Schwarze war der verboten. Sie fanden nichts, aber Liddy saß weinend inmitten ihrer Habseligkeiten. Es war so schlimm, diese arme Frau gedemütigt zu sehen. Und noch schlimmer war, dass meine Mutter, die ja Liddy mochte, das alles einfach hinnahm. Von dieser Nacht an dachte ich viel über Außenseiterrollen nach.

Sie engagierten sich stark für den ANC, obwohl sich in den Siebzigern viele in der schwarzen Bürgerrechtsbewegung eine Einmischung von Weißen verbaten.

Meine schwarzen Mitstreiter haben mich nie zurückgewiesen. Diese Akzeptanz habe ich mir erarbeitet. Ich habe schon für den ANC gekämpft, als er noch eine Untergrundorganisation war, half Menschen auf der Flucht und manches andere. Wir kämpften gemeinsam gegen die Regierung. Wenn man dafür etwas zu riskieren bereit war, spielte die Hautfarbe keine Rolle und auch nicht, ob man selbst zu den Unterdrückten gehörte.

Sie waren fast fünfzig Jahre lang verheiratet. Welche Rolle spielte Ihr Mann für Ihre Arbeit?
Meine erste, frühe Ehe zähle ich gar nicht, außer dass ich ihr meine Tochter verdanke, die mir alles bedeutet. Dann aber Reinhold Cassirer getroffen zu haben, war ein unsagbares Glück. Wir waren einander so nah, in jeder Beziehung. Natürlich war er der Erste, der meine Werke las – aber erst wenn sie fertig waren. Davor wollte er kein Wort sehen, hat nicht einmal nachgefragt, selbst wenn das Schreiben zwei Jahre dauerte. Er hielt jegliche Störung von mir fern. Dieser Respekt war die beste Unterstützung. Heute frage ich mich allerdings: Hat er sich nie ausgeschlossen gefühlt? Damals kam mir der Gedanke nicht.

Also kennen Sie doch Selbstzweifel?
Nicht im Beruflichen. Aber im Privaten gibt es natürlich, besonders wenn man Kinder hat, gewisse Dinge, die man, aus heutiger Sicht betrachtet, anders hätte machen sollen. Nun gut. So ist es nun mal.

➦ **NADINE GORDIMER**
geb. 1927, ist eine der bekanntesten südafrikanischen Schriftstellerinnen. In ihren Werken setzt sie sich vor allem mit der Apartheid auseinander. 1991 erhielt sie den Nobelpreis für Literatur. 2006 erschien ihr bislang letzter ins Deutsche übersetzter Roman *Fang an zu leben*. 2012 veröffentlichte sie *No Time Like the Present*.

AXEL HACKE
»Ich bekam einen Hörsturz«

AXEL HACKE ÜBER SEINE ANGST, BEIM SCHREIBEN ZU SCHEITERN

16. Dezember 2010
Das Gespräch führte Louis Lewitan
Foto von Stefan Nimmesgern

Herr Hacke, humorvoll schreiben, ist das ein mühsames Handwerk, oder werden Sie beim ersten Hahnenschrei von der Muse geküsst?
Eher nicht. Ich habe, was meine Arbeit angeht, kein sehr ausgeprägtes Selbstbewusstsein. Etwas herzustellen, was andere Leute lachen lässt, finde ich ziemlich anstrengend. Vielleicht bevorzuge ich aus diesem Grund Kurzgeschichten. Wenn man die kurze Form schreibt, kriegt man sehr schnell Bestätigung. Das ist etwas völlig anderes, als wenn einer sieben Jahre einsam an einem Roman schuftet. Das könnte ich nicht, da würde ich unter Selbstzweifeln unterwegs zusammenbrechen.

Ist die Anerkennung Ihre Motivationsquelle?
Ohne sie würde ich nicht schreiben. Aber der tiefere Grund liegt in der Suche nach Klarheit und dem Bedürfnis, mich zu befreien.

Schreiben als Katharsis?
Wer erzählen kann, gewinnt Souveränität. Gerade bei der Arbeit an dem neuen Buch, das ich zusammen mit Giovanni di Lorenzo geschrieben habe, habe ich das als Befreiung von dem erlebt, was die Generation unserer Väter uns vorgelebt hat: tiefes Schweigen. Es gab

keinen Austausch, es gab nur dieses gemeinsame Schweigen über eine Zeit, über die man nicht hätte schweigen dürfen.

Gab es einen Pakt des Schweigens?
Ja. Und was zwischen meinem Vater und mir war, ist sicher auch zwischen vielen anderen meiner Generation und ihren Vätern so gewesen. Schweigen heißt ja nicht unbedingt, nichts zu sagen, es kann auch bedeuten, viel zu sagen, aber nicht das, was einen wirklich bewegt. Unsere Väter konnten über das, was in ihnen ganz tief begraben war, nicht reden. Die hätten dringend Psychotherapie benötigt.

Worüber hat Ihr Vater denn geschwiegen?
Über den Krieg vor allem. Ich habe ihn mal provozierend gefragt, was es für ein Gefühl gewesen sei, jemanden zu erschießen. Er hat gemurmelt, im Krieg seien natürlich schlimme Dinge geschehen. Und ich habe gespürt, du darfst jetzt nicht weiterfragen, das hält er nicht aus. Er konnte über Emotionen überhaupt nicht reden, auch nicht über positive. Einmal musste er zur goldenen Hochzeit seiner Eltern eine Rede halten. Er brach in Tränen aus und konnte das kaum zu Ende bringen.

Haben Sie sich in Ihrem aktuellen Buch freigeschrieben?
In *Wofür stehst Du?* geht es um das, was uns im Leben wichtig ist. Ich habe gelernt, dass Kommunikation zu den wichtigsten Werten in meinem Leben gehört. Alles Unglück kommt aus dem Schweigen, das ist meine tiefste Überzeugung.

Wurden Sie deshalb Journalist?
Ich bin da unbewusst den Ansprüchen meines Vaters gefolgt. Er hat sonntags immer den *Internationalen Frühschoppen* gesehen. Für ihn war das wie Kirchgang. Ich habe ihn sonst nie so emotional erlebt. Und ich hatte die Vorstellung, eines Tages werde ich in dieser Sendung sitzen, und mein Vater wird auf mich so begeistert reagieren.

Weshalb haben Sie letztlich den Beruf des klassischen Journalisten aufgegeben?

Ich hatte bei den Reportagen immer eine wahnsinnige Angst, irgendwo hinzukommen, und niemand will mit mir reden, niemand will was von mir wissen, und ich werde letztlich scheitern.

Sind Sie jemals gescheitert?
Es ist nie passiert, aber in meinem Bewusstsein war es so, dass ich die Treppe immer höher stieg, und der Turm, von dem ich hätte runterfallen können, wurde auch immer höher. Die Angst wurde immer schlimmer, bis ich einen Hörsturz bekam. An dem Tag beschloss ich, nur noch das zu schreiben, was ich selbst wollte, Kolumnen, Geschichten, Bücher.

Der Hörsturz als Rettung?
Jedenfalls habe ich an dem Tag gemerkt, ich muss in meinem Leben etwas substanziell ändern.

Hat der Humor Ihnen geholfen, sich freizuschreiben?
Humorvoll schreiben heißt für mich, aus dem Schweren etwas Leichtes zu machen. Humor ist Trost, wenn es um das geht, was einem im Leben schwerfällt. Wenn man das mal geschafft hat, ist es zuallererst für den Autor ein tolles Gefühl, das hat so was Schwebendes, super. Wie man früher aus einem Woody-Allen-Film gekommen ist und dachte: So schlimm ist das Leben ja gar nicht. Humorvoll schreiben heißt nicht, Lachen durch Gags zu produzieren, sondern Heiterkeit aus einer gewissen Tiefe heraus zu gewinnen. Nach dieser Freude, das Schwere leicht gemacht zu haben, kann man süchtig werden.

➡ **AXEL HACKE**
wurde 1956 in Braunschweig geboren. Er gehört zu Deutschlands Bestseller-Autoren. Seine wöchentlichen Kolumnen im SZ-Magazin sind legendär. 2010 schrieb er zusammen mit Giovanni di Lorenzo das Buch *Wofür stehst Du? Was in unserem Leben wichtig ist – Eine Suche*.

JOSEF HADER
»Ich habe mich von der katholischen Erziehung gelöst«

JOSEF HADER ÜBER SEIN SCHWIERIGES VERHÄLTNIS ZU GLAUBE UND UNGLÜCK

27. Mai 2010
Das Gespräch führte Louis Lewitan
Foto von Stefan Nimmesgern

Herr Hader, Sie sind katholisch, ist Ihnen der Glaube eine Stütze?
Nein, eher im Gegenteil.

Wie meinen Sie das?
Ich habe mich von meiner katholischen Erziehung gelöst. Das war für mich eine Art Rettung.

Inwiefern?
Ich bin auf dem Land aufgewachsen und war in einem katholischen Internat. Grundsätzlich muss man sagen, dass ich eine sehr gute Zeit erwischt habe, katholisch erzogen zu werden, die beste in zweitausend Jahren, nämlich die siebziger Jahre. Es war kurz mal ein wenig das Fenster offen, später hat es der polnische Papst wieder zugemacht, und der deutsche lässt gerade die Gardinen runter. Aber es war doch so, dass ich mir als Kind immer so unvollkommen vorkam.

Warum?
In meiner gläubigen Familie und auch beim Pfarrer hatte ich das Gefühl, Erwachsene haben nie Zweifel. Erst als ich merkte, dass die genauso unsicher sind wie ich, verlor ich das Gefühl, deformiert zu sein.

In welchem Moment haben Sie das gemerkt?
Das war im Griechischunterricht, als ich die Dialoge des Sokrates von Platon las. Da wird gefragt: Welche Werte haben wir? Und Sokrates spricht mit all jenen, die diese Werte vertreten, und alle sind sehr selbstsicher, aber am Ende kommt raus, nichts ist sicher. Wir wissen nichts, das ist die einzige Gewissheit, die wir haben. Und ich habe mir gedacht, großartig! Schon vor über zweitausend Jahren hat jemand so gedacht.

Sind Sie noch in der Kirche?
Ja, aber ich glaube, es ist jetzt der Punkt erreicht, wo ich nicht mehr kann. Ich bin auch aus Rücksicht auf meine Mutter dringeblieben und sage manchmal scherzhaft, dass ich noch einen Papst abwarten will. Aber alle Kardinäle sind vom jetzigen Papst oder vom vorigen Papst ernannt worden, die werden wieder so einen wählen. Ich glaube, das geht jetzt stramm ins 19. Jahrhundert zurück.

Was gefällt Ihnen nicht an der Kirche?
Die ganze Struktur dieser Männergesellschaft. Das Zölibat ist ja nur dafür gut, dass man in größtmöglicher Abhängigkeit von der Zentrale bleibt. Diese seltsame, kranke Struktur, wo ausschließlich Leute zum Zug kommen, die sich für eine menschenfremde Lebensweise entscheiden. Auch diese kranke Sexualität, die nun als Skandal an die Öffentlichkeit kommt. Aber auch dort, wo es keinen Skandal gibt: Wie viele verkrüppelte Leben so eine Struktur hervorrufen kann. Dann dieses Gemeindeleben, das dadurch, dass es nur noch so wenige Priester gibt, völlig ruiniert wurde im Lauf der letzten zwanzig Jahre. Dass man das alles in Kauf nimmt, nur damit das Zölibat bleibt.

Gab es Phasen in den letzten Jahren, in denen Sie verzweifelt waren und das Bedürfnis hatten, zu glauben?
Es gab durchaus Phasen, in denen ich verzweifelt war, aber ich hatte niemals das Bedürfnis, zu glauben.

Was hat Ihnen geholfen?
Zunächst mal nichts und dann wahrscheinlich ein gewisses Vertrau-

en in das Leben, dass es naturgemäß aus Aufs und Abs besteht. Mein Leben ist wie eine Achterbahnfahrt. Es ist abwechslungsreich, aber es hat auch Brüche und neue Anfänge.

Macht Ihnen dieses Achterbahnfahren nicht Angst?
Doch, aber ich gehe trotzdem Risiken ein. Ich habe mir gedacht, ein interessantes Leben ist ohne Abstürze gar nicht denkbar. Wahrscheinlich, weil die besten Bücher immer von unglücklichen Menschen kommen. Glückliche Menschen schreiben meistens Dinge, die mich überhaupt nicht interessieren. Also dachte ich, wenn ich ein guter Künstler werden will, muss ich unglücklich werden, und habe es teilweise geschafft. Das Blöde ist nur, dass ich, wenn ich unglücklich bin, überhaupt nichts Gescheites zusammenbringe. Ich muss immer warten, bis ich wieder glücklich bin.

Darf ich fragen, in welcher Lebensphase Sie sich jetzt befinden?
Ich bin gerade sehr glücklich. Deshalb gehe ich im Moment auch ungern auf die Bühne. Wenn man unglücklich ist, geht man sehr gerne auf die Bühne, weil man dem eigenen Leben zwei Stunden davonlaufen kann. Momentan muss ich mich immer überwinden.

Dann ist das Spielen auch eine Rettung?
Ja, das Spielen ist eine Art Netz im Leben.

➤ **JOSEF HADER**
geb. 1962, ist einer der erfolgreichsten Kabarettisten Österreichs. Mit den Filmen *Komm, süßer Tod* und *Der Knochenmann* wurde er als Detektiv Simon Brenner auch in Deutschland bekannt. Zudem hat Hader als Co-Autor an den Drehbüchern dieser und weiterer Filme mitgewirkt. Für seine schauspielerische Leistung in *Ein halbes Leben* erhielt er 2009 den Deutschen Fernsehpreis und 2010 den Grimme-Preis.

ROMAN HERZOG
»Man lebt von der Loyalität der anderen«

ROMAN HERZOG ÜBER FREUNDSCHAFT IN DER POLITIK UND DIE VORTEILE EINER KARRIERE OHNE PLAN

20. Januar 2011
Das Gespräch führte Ijoma Mangold
Foto von Stefan Nimmesgern

Herr Altbundespräsident, wenn man von der Hochschule in die Politik wechselt, braucht man dann ein besonderes Machtbewusstsein?
Schon, aber das Machtbewusstsein ist das eine, das andere ist der Besitz der Macht. Bei mir war die Macht immer abgeleitet – von Ministerpräsidenten, die mich berufen haben, oder vom Bundeskanzler. Ich habe mich aus diesem Machtding relativ zielstrebig herausgehalten.

Warum?
Das ist nicht meine Welt, auch nicht mein Haupttalent. Ich komm durch. Von Carl Schmitt gibt es das Wort »Souverän ist, wer über den Ausnahmezustand entscheidet«. Ich halte das für Blödsinn. Ich bin der Überzeugung: Souverän ist, wer durchkommt. Ich habe meine Ziele erreicht durch das Ansehen, das man sich durch Verlässlichkeit in der täglichen Arbeit erwirbt. Deshalb habe ich immer Leute gefunden, die mich unterstützten. Und was die Ämter betrifft: Mein Gott, da habe ich abgewartet. Richard von Weizsäcker hat mich mal gefragt: »Wie haben Sie Ihre Karriere geplant? Die ist so logisch aufgebaut.« Da habe ich gesagt: Wie ein Geißeltierchen.

Und wie macht das ein Geißeltierchen?
Es treibt im warmen Wasser, lässt die Fangarme spielen, und wenn was Interessantes vorbeikommt, schlägt es zu. Meine Antwort hat Richard von Weizsäcker vielleicht geärgert, war mein Eindruck. Aber im Ernst: Man plant doch nicht, Bundespräsident zu werden, das ist doch Unsinn. Das hat mir auch Sicherheit gegeben: Wenn Sie keine so dezidierten Ziele haben, die Sie unbedingt erreichen wollen, haben Sie auch kaum eine Chance, eine wirkliche Niederlage zu erleiden. Deswegen musste ich auch nie gerettet werden.

Kein Moment, wo das Schicksal lenkend eingriff?
Es gibt eine Sache, da wurde über mein Schicksal entschieden, ohne dass ich es ahnte. Ich habe mich in München habilitiert, bin 1966 auf einen Lehrstuhl in Berlin gegangen, und es war eigentlich mein Wunsch, so nach zehn Jahren nach München zurückberufen zu werden. Dort gab es einen älteren Kollegen, der sich für mich einsetzte und der das auch durchgebracht hätte. Der hatte aber aus der russischen Kriegsgefangenschaft einen schweren Leberschaden mitgebracht und ist plötzlich mit einundfünfzig Jahren innerhalb weniger Wochen gestorben. Hätte der länger gelebt und seine Absichten durchgesetzt, dann wäre ich heute emeritierter Professor der Universität München. Ich wäre nie in die Politik geraten. Ich wäre nie an Helmut Kohl geraten, ich wäre nie durch ihn in den Bundesrat gekommen, ich hätte dort nie die Baden-Württemberger kennengelernt, die mich dann als Minister nach Stuttgart geholt haben, und Bundespräsident wäre ich sowieso nicht geworden. Ich weiß nicht, ob das eine Rettung war, aber ohne den Tod des Kollegen wäre mein Leben ganz anders verlaufen.

Sind Sie ein Glückskind?
Da müsste man jetzt durchdeklinieren, ob alle die Ämter, die ich hatte, wirklich uneingeschränkte Quellen menschlicher Freude sind. Als Professor hat man ein ruhiges Leben. Sie sind beispielsweise von diesen fürchterlichen Situationen in Wahlkämpfen verschont, wo Sie wochenlang nur drei Stunden schlafen, und dann müssen Sie plötzlich zwischen Tür und Angel eine Riesenentscheidung fällen, die im

ungünstigsten Fall in die Katastrophe führt. Da habe ich mir schon öfter gesagt: Was musste ich wie der Esel aufs Eis gehen?

Wie lernt man den Umgang mit den Fallstricken des Machtkampfs?
Durch Beobachtung. Man lebt in diesen Ämtern entgegen den umlaufenden Gerüchten sehr von der Loyalität der anderen. Wenn ich ständig öffentlich darüber rede, was der Kollege Soundso für Fehler macht, dann kann ich nicht damit rechnen, dass der den Mund hält, wenn ich mal einen Fehler mache. Deshalb gibt es Situationen, wo zwei ungefähr dasselbe versaubeutelt haben, der eine ist im Amt geblieben und der andere nicht. Der eine hatte eben Freunde, der andere nicht. Wenn Sie keine Freunde haben, stehen Sie irgendwann barfuß in der finsteren, regnerischen Nacht.

Sie hatten als Präsident des Bundesverfassungsgerichts und als Bundespräsident zwei sehr würdevolle Ämter, sind aber jemand, der auch immer mit dem Element des Schelmischen und Spitzbübischen arbeitet. Wie hat sich das zueinandergefügt?
Diese Mentalität ist mir angeboren. Aber man muss da auch aufpassen, dass man nicht übertreibt. Das sollte nicht darauf hinauslaufen, dass man anderen ein Bein stellt. Der Witz sollte nicht auf Kosten eines anderen gehen.

Gab es einen Moment, wo Sie dachten: Oh, da sind die Gäule mit mir durchgegangen?
Ja, natürlich. Manchmal führt einen die eigene Schlagfertigkeit in Situationen, wo Sie sich nachher nur noch entschuldigen können.

➡ **ROMAN HERZOG**
geb. 1934, war von 1994 bis 1999 deutscher Bundespräsident. Der Jurist wurde 1973 Staatssekretär, später war er erst Kultus-, dann Innenminister in Baden-Württemberg. Außerdem arbeitete er als Richter am Bundesverfassungsgericht und war ab 1987 dessen Präsident. Er lebt in der Nähe von Heilbronn.

DIETER HILDEBRANDT
»Ihretwegen habe ich aufgehört«

DER KABARETTIST DIETER HILDEBRANDT ÜBER SEINE ALKOHOLKRANKHEIT UND SEINE FRAU RENATE, FÜR DIE ER EINEN ENTZUG MACHTE

24. Januar 2012
Das Gespräch führte Herlinde Koelbl
Foto von Herlinde Koelbl

Herr Hildebrandt, wie konnte es geschehen, dass der Alkohol für einige Jahre Macht über Sie bekommen hat?
Es hat mir einfach geschmeckt. Ich bin dem Genuss verfallen. Alkohol hat seine eigene Überzeugungskraft. Jetzt bin ich der Spielverderber, damals war ich ein Epikureer, ich dachte, das steht mir zu. Ich habe die ganze Nacht gearbeitet, ich belohnte mich, und eine Flasche Wein genügte nicht. Meine Frau Renate hat das gemerkt, und sie hat Angst bekommen um mich, und das habe ich gespürt.

Ihre Frau hat Sie also gerettet?
Das kann man so sagen. Ihre Fröhlichkeit war weg, wir waren nicht mehr albern miteinander. Wir hatten das Lachen verloren, das hatte ich nur noch auf der Bühne. Ihretwegen habe ich aufgehört. Ich hätte auch weitertrinken können.

Wie ist Ihr Umfeld damit umgegangen?
Es gab viel Toleranz und später Erleichterung. Daran merkt man, dass man nicht ganz ungeliebt ist. Ich glaube, das ist die hauptsächliche Ingredienz meines Lebens: geliebt zu werden, auch auf der

Bühne. Nach dem Entzug gab es viel Erstaunen und auch Heuchelei: Das wäre doch nicht nötig gewesen! Na ja, natürlich, aber das ist die Ironie an der Geschichte!

Ist das Ironie oder Scheinheiligkeit?
Bei denen, die ich sehr mag, ist es gesetzte Ironie. Und bei den anderen ist das einfach nicht ganz die Wahrheit. Lüge führt die Regie der Wahrheit. Das habe ich als Student bei dem Religionsphilosophen Romano Guardini gelernt. In der Ehe kann die Wahrheit zum falschen Zeitpunkt eine Grausamkeit sein.

Haben Sie das auch in Ihrer Ehe erlebt?
Ja, natürlich. Hier und da hat man sich falsch verliebt. Also, was heißt falsch? Man hat sich richtig verliebt, hatte aber ein schlechtes Gewissen, und dann spielt auch die Entfernung von zu Hause eine Rolle, daher kommt der Entschluss, die Wahrheit zu verschweigen. Verlieben ist ein Fehler, wenn ich es nicht mit Konsequenz mache. Alle fragen, wie viele Ehen durch Betrug scheitern, aber niemand, wie viele Liebschaften durch die Ehe zerstört werden, sagt der Kabarettist Werner Schneyder. Es ist wie Alkohol. Liebe ist Genuss.

Wie hat der Alkohol Ihre Arbeit verändert?
Der Alkohol hat Bedenklichkeiten weggewischt. Es könnte durchaus sein, dass man ein wenig versoffen gewirkt hat. Das sieht man an den Augen. Politiker sind da vielleicht noch mehr gefährdet. Bei mir ist das so: Ich werde entweder verrissen oder nicht. Das bedeutet, dass ich vielleicht keine Anhänger mehr habe, die Bühnen noch da sind, aber die Menschen nicht. Das ist auch eine existenzielle Frage, ganz klar.

Haben Sie manchmal Angst, dass Ihnen niemand mehr zuhören will?
Immer. Gewissheit, dass der Saal voll ist, hat man doch nie! Kennen Sie diesen berühmten Kollegenwitz? Jemand geht zur Sphinx nach Ägypten, und die fragt: Sagen Sie, spielt der Hildebrandt immer noch? Das haben Kollegen mal in einer Talkshow erzählt. Nun geht

er, hieß es. Das war 1985, da war ich achtundfünfzig. Da hatte ich die größte Krise meines Lebens, als meine erste Frau Irene starb. Fünf Jahre habe ich mit ihr im Krankenhaus zugebracht, und dann starb sie an Brustkrebs. Heute wäre das heilbar. Und dann starb auch noch mein bester Freund Sammy Drechsel an Krebs. In diesem Moment hat mich der Verleger Karl Blessing gerettet. Er hat gefragt, warum ich nicht ein Buch schreibe. Und ich dachte, egal ob es verkauft wird, ich schreibe das Buch für mich. Und dann wollten es 210.000 Menschen lesen. Das war sensationell. Von da an hatte ich einen neuen Beruf: Ich habe aus *Was bleibt mir übrig* in Buchhandlungen vorgelesen und das mit Gedanken vom Tage vermischt. Daraus wurde eine Spiellesung, ein Lesespiel. So habe ich ganze Säle gefüllt.

Das war Ihre zweite Chance?
Ja. Es war das Ende eines Lebensabschnitts, in dem ich nicht wusste, ob ich den zweiten beginnen sollte. Ich dachte nicht direkt an Suizid, aber ich wollte mich loslassen, einfach so leben. Andererseits wollte ich mitteilen, dass ich immer noch vorhanden bin. Ich war ganz alleine, meine Kinder waren lange aus dem Haus. Der *Scheibenwischer* geht noch drei, vier Jahre weiter, dachte ich, dann würde man mich aussortieren. Und dann habe ich mich in Renate Küster verliebt. Die Lebenssäfte stiegen. Sie hat die Arbeit von Sammy übernommen. Mit dem Bucherfolg hatte ich plötzlich Geld. Ich habe einen Kredit aufgenommen und Renate eine Wohnung in München gekauft. Seitdem sagt sie: Ich wohne in Dieters Buch. Jetzt, wo Geld an Wert verliert, ist das natürlich eine Sicherheit.

➡ **DIETER HILDEBRANDT**
geb. 1927, ist einer der einflussreichsten Kabarettisten Deutschlands. Bekannt wurde er als Mitbegründer der Münchner Lach- und Schießgesellschaft sowie durch die Fernsehformate *Notizen aus der Provinz* und *Scheibenwischer*. Auch als Autor ist er sehr erfolgreich. 2012 war er zudem als Herbie Fried in Helmut Dietls Kinokomödie *Zettl* zu sehen.

CLAUS HIPP
»Der Betrieb war meine Kinderstube«

⇝

CLAUS HIPP ÜBER DEN SCHOCK, ALS SEIN VATER STARB UND ER DIE FIRMA ÜBERNAHM

22. Juli 2010
Das Gespräch führte Louis Lewitan
Foto von Stefan Nimmesgern

Herr Hipp, in Ihrem neuen Buch *Agenda Mensch* schreiben Sie »je mehr Gesetz, je weniger Recht«. Eine provokative Sicht.
Ja, aber wenn alles von oben geregelt wird, wenn die Freiheit verloren geht, dann ist die Versuchung zu groß, Auswege zu suchen. Man muss stattdessen mehr auf Eigenverantwortung setzen. Die Kaiserin Maria Theresia hat gesagt, ein Gesetz, das nicht der letzte Spanier in Galicien versteht, gehört abgeschafft. Ich halte die Überregulierung in Deutschland für ein Übel, denn Innovation und Neues sind dringend erforderlich. Wer das als Unternehmer nicht schafft, der wird verschwinden. Wer hier wertebewusst handelt, investiert in Verbesserung und Neuerung.

Waren wertebewusstes Denken und Handeln in Ihrer Familiengeschichte schon immer von Bedeutung?
Mein Vater hatte im »Dritten Reich« jüdische Mitbürger im Betrieb beschäftigt, was nicht nur gefährlich, sondern auch verpönt war. Und ein Vetter meines Vaters, Otto Hipp, der Bürgermeister von Regensburg, hat einmal sogar Hitler Redeverbot erteilt. Dafür kam er später ins KZ Dachau.

Inwieweit hat diese mutige Haltung Ihrer Familie Sie selbst geprägt?
Von klein auf wurde uns beigebracht, dass wir uns nicht darum zu kümmern haben, was die Leute sagen. Wir sollten den Mut haben, uns gegen den Zeitgeist zu stellen, wertebewusst und getreu unserer Einstellung zu handeln. Das haben wir in der Firma so gemacht und auch mal einen Vorteil nicht genutzt, wenn er nicht auf ehrbare Weise zu erreichen war.

Können Sie das konkretisieren?
Bei harten Preisverhandlungen müssen wir sagen, wir können nicht günstiger herstellen, weil sonst die Qualität schlechter wird. Ein Beispiel: Wenn wir beim Einkauf einen Bauern im Preis so drücken, dass seine Existenz in Gefahr gerät, wird er sicher an der Qualität etwas drehen. Die Qualität ist nicht nur vom Rohstoff abhängig, sondern auch vom Umgang der Menschen miteinander. Jeder muss sein Auskommen haben. Wir kämpfen dafür, dass der Mensch menschenwürdig behandelt wird.

Gab es Momente, in denen Sie dachten, Sie bekommen diesen Spagat nicht hin?
Ja, als es darum ging, auf Kosten der Bioqualität Preisabschläge zu machen. Wir gaben nicht nach und haben schlagartig zwanzig Prozent unseres Umsatzes eingebüßt. Langfristig war diese Haltung richtig, heute sind wir Marktführer.

Wie alt waren Sie, als Sie das Ruder in die Hand nehmen mussten?
Als ich neunundzwanzig Jahre alt war, ist mein Vater gestorben, da war ich plötzlich der Chef von siebenhundert Mitarbeitern. Am Tag bevor mein Vater starb, hat er zu mir gesagt: »Ich habe meine Todesanzeige schon geschrieben, die findest du im Schreibtisch. Dort ist noch ein Brief für alle Mitarbeiter. Bei der Beerdigung schau, dass alle gut was zu essen haben.« Keine zwölf Stunden später war er tot. Er hat alles mit mir besprochen, als würde er über den Kauf einer Wiese reden.

Wie sind Sie damit fertiggeworden?
Es war ein Schock, aber ich hatte den großen Vorteil, dass mein Vater mich auf die Aufgabe hin erzogen hat. Als ich vier Jahre alt war, habe ich schon im Betrieb gespielt, das war meine Kinderstube. Und es ist gut weitergegangen, weil es eine gute Mannschaft war.

Ihre Rettung war, dass der Vater Sie schon früh miteinbezogen hat?
Ja, ich wusste, was auf mich zukommt. Mit sechzehn musste ich bereits einen Mitarbeiter entlassen, der nicht auf Bio umsteigen wollte. Mein Vater meinte, wenn ich es ernst meine, dann muss ich auch diese unangenehme Aufgabe übernehmen. Es war ein Hinerziehen auf die Position des Nachfolgers.

Hatten Sie Zweifel, ob Sie der Aufgabe gewachsen sind?
Ich habe nicht gezweifelt, dass ich es packen würde, die Verantwortung zu übernehmen, aber ich hatte Zweifel, ob ich es überhaupt machen will. Ich wollte Künstler werden, Musiker oder Schauspieler, und der Vater, der sehr klug war, hat gesagt: »Wenn du meinst, dann geh eben ein Jahr auf die Schauspielschule, das wird dir als Geschäftsmann nicht schaden. Du kannst das machen, aber ob du so gut bist, dass die Welt auf dich wartet, das kannst du vorher nicht wissen. Hier aber hast du einen guten Betrieb, und es ist besser, du hast die Freiheit, künstlerisch etwas zu tun auf dieser Basis, als dass du die Knechtschaft wählst und das machst, was du verkaufen musst.« Und er hat völlig recht gehabt.

➡ **CLAUS HIPP**
geb. 1938, ist Jurist und Geschäftsführer des Familienunternehmens Hipp, einem der führenden Hersteller von Babynahrung in Deutschland. Außerdem ist er Musiker, Maler und Autor. 2010 erschien sein Buch *Agenda Mensch. Warum wir einen neuen Generationenvertrag brauchen*.

WOLFGANG ISCHINGER
»Kollegen sagten: Uns ist das Gleiche passiert«

DER EHEMALIGE DIPLOMAT WOLFGANG ISCHINGER ÜBER DEN TOD SEINES SOHNES FLORIAN

14. April 2011
Das Gespräch führte Herlinde Koelbl
Foto von Herlinde Koelbl

Herr Ischinger, als Diplomat wirkten Sie immer so ausgeglichen und freundlich. Man kann sich kaum vorstellen, dass Sie jemals etwas erschüttert hat.
Oh doch, absolut. Der Krieg in Bosnien ebenso wie die Katastrophe im Kosovo. Und auch von persönlichen Erschütterungen bin ich leider nicht verschont geblieben. Wissen Sie, ich habe jahrzehntelang in dem Bewusstsein gelebt, dass ich vom Glück verfolgt werde. Ich hatte eine junge Frau, wir bekamen drei gesunde Kinder, ich machte Karriere im Auswärtigen Amt. Auf eine Tragödie war ich überhaupt nicht vorbereitet.

Welche persönliche Tragödie war das?
Das ist jetzt elf Jahre her. Florian, unser Ältester, war damals bei der Bundeswehr. Ich habe ihn enorm bewundert, weil er ein ganz außerordentlich begabter Junge war. In Mathematik, in Sprachen und besonders in Musik. Er spielte Posaune, er hatte Preise gewonnen. Wir hatten ein gutes und enges Verhältnis und diskutierten viel. Er interessierte sich auch für meine beruflichen Aufgaben, auf eigene Initiative schrieb er eine große Hausarbeit über die ethnischen Konflikte auf dem Balkan. Eines Morgens ereilte mich die Nachricht, dass

er sich das Leben genommen hatte. Wie mir seine Bundeswehrkameraden später erzählten, hatte er sich davor immer öfter abgesondert und eingeschlossen. Typische Anzeichen einer Depressionserkrankung, die man sicher hätte behandeln können. Aber wir wussten davon nichts. Wenn er uns besuchte, schien alles in Ordnung zu sein.

Wie sind Sie damals mit diesem Verlust umgegangen?
Ich habe mich gezwungen, ins Amt zu gehen. Ein paar Stunden nachdem die Nachricht von seinem Tod gekommen war, habe ich Besprechungen geleitet. Diese Routine hat mir sehr geholfen, weiterzuleben. Aber es waren sehr schwere Tage.

Hat Ihr Sohn einen Abschiedsbrief geschrieben?
Ja, ich lese diese Notiz in Abständen immer wieder durch. Und ich trage sie immer bei mir. Das ist sozusagen mein Link, meine Verbindung zu meinem Sohn. Ich wünsche mir sehr, dass die vielen heutigen Hilfsangebote durch eine offene Diskussion in unserer Gesellschaft von jungen Menschen in einer solchen Lage erkannt und genutzt werden.

Und trotzdem hatten Sie Schuldgefühle?
Immer wieder fragt man sich: Hätte ich nicht etwas bemerken können? Habe ich etwas übersehen? Hätte ich ihn abhalten können? Das ist ein entsetzliches Gefühl. Davon werde ich nie ganz loskommen. Ich fragte mich auch, warum Gott ausgerechnet mich so bestrafen musste. Ich fühlte mich ganz allein. Bis mich dann Kollegen und andere Menschen ansprachen: »Uns ist das Gleiche passiert, auch wir erlebten diese Hölle des Verlusts eines Kindes. Sie sind nicht allein.« Das hat geholfen.

Was hat Ihnen noch geholfen?
Florian hatte von seiner Großmutter ein bisschen Geld geerbt. Wir spendeten es der Hilfsorganisation Cap Anamur. Mit dem Geld wurde eine im Kosovokrieg zerstörte kleine Schule in einem Bergdorf wieder aufgebaut. Sie ist nach ihm benannt, sie heißt jetzt »Florian Ischinger Schola«. Ich wallfahre jedes Jahr dorthin, wenn irgend mög-

lich. Und letztes Jahr konnten wir zehn Kinder aus dieser Schule nach Berlin einladen. Wir hatten trotz Sprachschwierigkeiten eine wunderbare Zeit. Gutes zu tun, hat eine große therapeutische Wirkung.

Wie hat sich das Verhältnis zu Ihren anderen Kindern verändert?
Ich möchte immer wissen, wo sie sind, ob alles in Ordnung ist. Man wirft mir vor, ich würde ständig Kontrollanrufe tätigen. Es ist ein entsetzlicher Gedanke, dass einem meiner Kinder etwas passiert sein könnte. Letztes Jahr war meine Tochter während eines Erdbebens in Chile. Die zwei Tage, bis ich erfuhr, dass alles okay ist, habe ich kaum überlebt.

Nun sind Sie ein zweites Mal verheiratet und haben noch ein Kind bekommen. Hat Sie auch das aus dem tiefen Tal gerettet?
Natürlich! Dass ich jetzt noch einmal stolzer Vater einer Erstklässlerin bin, hilft mir mehr als alles andere. Ich habe mir geschworen, diesmal ein besserer Vater zu sein und mehr Zeit mit der kleinen Josie zu verbringen. Manchmal überkommt mich noch immer Selbstmitleid wegen des Verlustes. Nichts hilft dann mehr als das Bewusstsein, Verantwortung für einen neuen Menschen zu haben. Und wenn ich mir vor Augen halte, dass ich eine wunderbare Frau habe, ein wunderbares kleines Kind und zwei wunderbare große Kinder, zu denen ich engen Kontakt habe, dann bin ich mit den Dingen im Reinen und glaube nicht mehr, dass ich zu klagen habe.

➡ **WOLFGANG ISCHINGER**
geb. 1946 in Nürtingen, war deutscher Botschafter in den USA und Großbritannien. Seit 2008 leitet er die Münchner Sicherheitskonferenz, außerdem ist er für den Versicherer Allianz tätig. Seit 2011 ist er Honorarprofessor am Institut für Politikwissenschaft der Universität Tübingen. Sein Sohn Florian nahm sich im Alter von neunzehn Jahren das Leben. Wolfgang Ischinger war damals Staatssekretär im Auswärtigen Amt.

WLADIMIR KAMINER
»Ich bin getürmt und habe mich krank gemeldet«

WLADIMIR KAMINER ÜBER SEINE FLUCHT AUS EINEM SOWJETISCHEN MILITÄRGEFÄNGNIS

4. März 2010
Das Gespräch führte Louis Lewitan
Foto von Stefan Nimmesgern

Herr Kaminer, Sie sind für Ihre humorvollen Erzählungen bekannt. Gab es in Ihrem Leben eine Zeit, in der Sie nichts zum Lachen hatten?
Ja, in der sowjetischen Armee habe ich gelitten. Ich war ein Außenseiter, weil ich aus Moskau kam. Moskauer waren verhasst, Moskauer waren die Leute, die den anderen die Butter, die Milch, das Fleisch und alles, was gut war, weggegessen haben.

Inwiefern mussten Sie leiden?
Die sowjetische Armee war eine Klassengesellschaft. Es gab immer Sklaven, die die ganze Arbeit machen mussten, und andere, die die Sklaven kontrollierten. Und ich als Hauptstadtkind hatte die besten Chancen, ein Sklave zu werden. Richtig schwierig war es dann im Armeeknast.

Sie im Armeeknast? Wie es kam es dazu?
Na, wegen undisziplinierten Verhaltens logischerweise. Ich habe da vieles angezweifelt. Offen angezweifelt. Wenn man versteckt zweifelt, dann merkt das keiner.

Wie wurden Sie für Ihre Zweifel bestraft?
Ich habe zehn Tage bekommen, und dann wurde die Strafe immer wieder verlängert.

Wie sah der Alltag im Militärgefängnis aus?
Man teilte seine Zelle mit vielen anderen. Die Betten waren an die Wände geschraubt, um ein Uhr nachts wurden sie aufgeklappt, und um fünf wurden sie wieder zugeklappt. Dann musste man arbeiten. Man musste im Gefängnis auch immer rennen, das galt nicht nur für die Gefangenen, sondern auch für die Wärter.

Was war das Schlimmste?
Die Unwissenheit. Zum Beispiel musste man im Knast immer alle Knöpfe an der Jacke zuknöpfen. Wenn ein Knopf offen war, durfte dir der diensthabende Offizier noch drei bis fünf Tage zusätzlich aufbrummen. So stand es im Gesetzbuch, aber im Gesetzbuch stand nicht, dass er dir sagen sollte, dass die Knöpfe geschlossen sein mussten, deswegen wusste niemand, wie viel Zeit er noch abzusitzen hatte, immer kamen neue Strafen dazu für Vergehen, die man gar nicht kannte. Das machte den Menschen natürlich schlechte Laune.

Es klingt mehr nach absoluter Willkür als nur nach schlechter Laune.
Ja, die Offiziere drohten mir, dass ich nie wieder nach Hause käme. Das war natürlich absoluter Stuss. Aber dann vergingen Monate, und nach meinen Berechnungen hätte ich längst draußen sein müssen. Mit mir in der Zelle saß ein Georgier, der hatte einen Bart bis zum Nabel. Wie lange sitzt er denn schon hier, wenn er so einen Bart hat?, fragte ich mich.

Was hat Ihnen Kraft gegeben?
Ich habe gedacht, ich muss kämpfen. Man muss gegen die Dinge ankämpfen, man darf sie nicht so lassen, wie sie sind.

Woher nahmen Sie den Mut, dagegen anzukämpfen? Hatten Sie keine Angst, dass Sie dann noch härter bestraft werden?

Natürlich hatte ich Angst. Aber man lernt, mit der Angst umzugehen. Die Angst ist doch unser ständiger Begleiter, jeder Mensch hat Angst vor allem Möglichen. Wir leben in einer Angstgesellschaft, in einer Angstkultur.

Wie ist der Mann mit dem langen Bart mit seiner Angst umgegangen?
Der hatte keine Angst. Der war so stark. Dem war alles wahrscheinlich dermaßen scheißegal, dass er es einfach darauf ankommen ließ. Er ging nicht zur Arbeit, er verweigerte alle Befehle, er saß nur da. Und die Offiziere haben ja auch nichts gemacht, außer dass sie ihm immer noch ein paar Tage Arrest mehr gaben.

Was war Ihre Lehre aus dieser Erfahrung?
Dass einen nur persönliche Eigenschaften, nur eigene Taten retten können. Das gilt für jede Situation. Es gibt immer eine Rettung, es gibt es immer eine Wahl, es gibt immer eine Chance, man muss nur an sich glauben.

Wie kamen Sie schließlich aus dem Knast raus?
Ich bin getürmt. Die haben mich gar nicht verfolgt, weil sie dachten, wo soll der hinlaufen, da ist doch überall nur Wald und Schnee.

Wohin sind Sie getürmt?
Ich bin nicht nach Hause, sondern zu meiner Armeeeinheit zurück und habe mich dort im Krankenhaus angemeldet, ich war ja tatsächlich physisch in keinem guten Zustand. Der Arzt dort war ein guter Freund, der wollte mich gleich entlassen und nach Hause schicken. Das konnte er aber nicht durchsetzen. Da war er so beleidigt, dass er zu mir sagte, du bleibst, so lange du hier bist, in meinem Krankenhaus, da kann dir keiner was. Und so saß ich dort ein paar Wochen herum. Dann kam das Jahr 1989, und sie haben mich nach Hause geschickt.

➤ **WLADIMIR KAMINER**
geb. 1967 in Moskau, ist Schriftsteller und Kolumnist. Zuletzt ist von ihm erschienen *Onkel Wanja kommt*.

SUNG-JOO KIM
»Ich bewahre absolute Ruhe«

⇒→

**DIE KOREANISCHE UNTERNEHMERIN SUNG-JOO KIM
ÜBER IHREN KAMPF GEGEN KORRUPTION, TRADITION UND
MÄNNLICHE VORURTEILE**

19. Januar 2012
Das Gespräch führte Louis Lewitan
Foto von Stefan Nimmesgern

Frau Kim, Sie stammen aus einer der mächtigsten und reichsten Familien Koreas. Wie verlief Ihre Erziehung?
Mein Vater Kim Soo-keon war ein Selfmademan, Gründer der Daesung Industrial Corporation, eines weltweit agierenden Milliardenkonzerns im Energiebereich. Ich habe ihn sehr bewundert, er war ein konfuzianischer Patriarch und Gentleman. Meine Mutter war eine gläubige anglikanische Christin. Dementsprechend war meine Erziehung sehr streng, Rauchen, Trinken und Fernsehen waren verpönt.

Fügten Sie sich dem strengen Diktat?
In Korea ist es üblich, dass ein Mädchen aus gutem Hause eine entsprechende Schule besucht und danach einen Mann aus derselben Schicht heiratet, der von den Eltern ausgesucht wird. Als Jüngste von sieben Kindern rebellierte ich heftig gegen diese Tradition und entschied mit zweiundzwanzig gegen den Willen meines Vaters, das Amherst College in Massachusetts zu besuchen. Später ging ich nach Harvard, wo ich Wirtschaftsethik studierte. Meinen Mann habe ich mir selbst ausgesucht, und wir haben ohne die Erlaubnis meiner Eltern geheiratet.

Wie reagierten Ihre Eltern?
Als ich ihnen am Telefon davon erzählte, legten sie auf, und schon am nächsten Tag verstießen Sie mich und löschten mich aus dem Familienstammbaum. Beide waren absolut gegen diese Ehe mit einem Kanadier aus bescheidenen Verhältnissen.

Wie haben Sie das verkraftet?
Nun, ich war radikal, und meine Eltern waren es auch. Sie haben fünf Jahre lang nicht mit mir gesprochen und alle Zahlungen eingestellt. So musste ich selbst für meinen Lebensunterhalt sorgen und landete 1985 bei dem renommierten Traditionskaufhaus Bloomingdale's in New York, während mein Mann an seinem Uni-Abschluss arbeitete. Ich habe das Handwerk im Mode-Einzelhandel von der Pike auf gelernt, was mir später, als ich meine eigene Firma gründete, sehr geholfen hat.

Wie ging es weiter?
Als ich in Korea in der Modebranche anfing, musste ich gegen männliche Vorurteile und gegen die Korruption kämpfen. Die großen Kaufhäuser waren ausschließlich in Männerhand. Nichts ging ohne Schmiergeld, exklusive Einladungen und Trinkgelage mit Geishas. Nicht zuletzt musste ich mich um mein Kind kümmern. Ich war also dreifach belastet: als Frau, als Mutter und weil ich mir keine Vorteile durch Schmiergelder verschaffte.

Wie ging man mit Ihnen um?
Ich wurde zunächst verspottet, die Leute fragten sich: Warum handelt sie bloß gegen die etablierten Geschäftspraktiken? Viele der Einkäufer dachten, ich sei als Lizenznehmerin mehrerer Luxusmarken wie Gucci und Yves Saint Laurent sowie als Frau aus reichem Hause bestechungsanfällig, ich war es jedoch nicht. Wegen meiner konsequenten Haltung wurden sogar hinter meinem Rücken Beschwerden an Gucci verfasst, ich würde gegen ihre Interessen agieren.

Wie reagierten Sie?
Ich nehme Hindernisse als Herausforderung: Wie kann ich schlauer

sein und die Spielregeln der Männer ändern? Krisen sind eine Frage der Wahrnehmung, des Verstands und, im höheren Sinne, der Spiritualität. Ich bin eine offene und emotionale Frau. Wenn ich jedoch in eine Krise gerate, bewahre ich absolute Ruhe, und meine Gedanken sind kristallklar.

Half Ihnen Ihr christlicher Glaube?
Ich weiß, dass ich nur eine Dienerin Gottes bin, und nehme mich selbst nicht so wichtig. Für mich steht Gemeinwohl vor Eigennutz. Wer für Gerechtigkeit eintritt, kämpft für das Wohl der Gesellschaft. Das ist mein Credo, und nicht, Millionen anzuhäufen.

Anstatt Millionen zu machen, haben Sie 1998 fast alles verloren ...
Als die Verkaufszahlen während der Finanzkrise in Asien einbrachen, ging meine Firma beinahe pleite. Ich war enorm unter Druck. Mir drohte das Gefängnis. Ich betete zu Gott: Lass mich die Firma retten, ich kann nicht alle meine Angestellten im Stich lassen! Und genau zu diesem Zeitpunkt schlug Gucci mir vor, die Hälfte meiner Anteile in ein Gemeinschaftsunternehmen umzuwandeln. Mir kam das wie ein Wink Gottes vor. Als alle diese brillanten Anwälte und Rechnungsprüfer die Bücher prüften, konnten sie nicht glauben, wie lupenrein unsere Buchführung war. Zu diesem Zeitpunkt beschloss ich, meine gesamten Anteile zu verkaufen. Hierdurch konnte ich sofort alle meine Schulden tilgen und meine Firma retten. Ich habe überlebt und letztlich gewonnen.

Ihre saubere Weste erwies sich als Rettung?
Absolut. Wir bestechen niemanden und halten unsere Bilanzen sauber. Das hat sich am Ende mehr als ausgezahlt.

➡ **SUNG-JOO KIM**
geb. 1956, ist eine der erfolgreichsten Geschäftsfrauen Asiens. Ihr Unternehmen, die Sungjoo-Gruppe, vermarktet internationale Luxusmarken wie Gucci und Yves Saint Laurent in der Pazifikregion. Der Taschenmarke MCM will sie zu einem neuen Image verhelfen.

JOHANN KÖNIG
»Ich habe mich total in die Arbeit geworfen«

**DER GALERIST JOHANN KÖNIG ÜBER
SEINE ERBLINDUNG UND SEINE FLUCHT IN DIE KUNST**

30. Juni 2011
Das Gespräch führte Ijoma Mangold
Foto von Stefan Nimmesgern

Herr König, Sie haben mit zwanzig Jahren Ihre Galerie gegründet. Ihr Vater, Kaspar König, war Direktor der Städel-Schule in Frankfurt am Main, jetzt leitet er das Museum Ludwig in Köln. Hat er Ihre Berufswahl beeinflusst?
Ich hatte natürlich durch meinen Vater ständig mit Kunst zu tun, aber lange Zeit habe ich das abgelehnt. Teilweise entwickelte ich sogar richtig einen Hass dagegen, ständig in irgendwelche bescheuerten Museen gehen zu müssen. Ich warf als Kind meinem Vater vor, dass er keine Beziehung hat zu Menschen, die nichts mit Kunst zu tun haben.

Aber dann hat die Kunst Sie eingeholt.
Ja, es war der Kunstlehrer am Internat, durch den ich meine Liebe zur Kunst entdeckte. Deshalb habe ich das Gefühl, dass das aus mir selber kam.

Was brachte Sie dazu, Galerist zu werden?
Ich hatte mit elf Jahren einen schweren Unfall. Ich hatte mit Knallern gespielt, die gingen in die Luft, und ich verlor mein Augenlicht. Als Jugendlicher wollte ich aber unbedingt etwas mit Kunst machen, obwohl ich nichts sehen konnte. Das war ein Problem. Ich konnte ja nicht irgendwo anheuern als Assistent. Auch Kunstgeschichte zu studieren, war schwierig, weil das doch eine sehr visuelle Sache ist.

Und da habe ich gemerkt. Das Einzige, was bleibt, ist eine eigene Galerie.

Was heißt das, Sie konnten nichts sehen?
Ich sah nur noch knapp fünf Prozent von dem, was man normalerweise sieht.

Wenn man Sie vor ein Werk des Renaissancemalers Tizian gestellt hätte ...
... hätte ich das nicht erkannt.

Wie haben Sie als Galerist Kunst verkaufen können, die Sie gar nicht sahen?
Ich kannte die Künstler ja über einen längeren Zeitraum. Die Inhalte haben sich vor allem über Gespräche vermittelt.

Was Sie also an der Kunst fasziniert, ist der Diskurs über die Kunst.
Ja, nur der Diskurs. Deshalb interessieren mich Positionen wie die von Joseph Beuys. Beuys ist ja visuell nicht gerade ansprechend. Duchamp war wichtig für mich, denn der hat das visuelle Verständnis verändert. Mich hat an der Kunst interessiert, was sie mit unserem eigenen Weltverständnis machen kann. Aber selber Künstler zu werden, habe ich mich nicht getraut, dafür fehlte mir das Potenzial.

Wie erträgt man als Elfjähriger ein so schweres Unglück?
Als der Unfall passierte, habe ich zu meinem Vater gesagt: Wenn ich blind werde, bringe ich mich um. Er sagte: Nein, nein, das wird ausgewaschen, und morgen gehst du wieder zur Schule. Ich wusste aber: Es war etwas viel Schlimmeres passiert. Dann war ich lange im Krankenhaus, lauter Narkosen, es war wie ein Filmriss. Irgendwann fand ich mich wieder und konnte nicht mehr sehen. Und mir war klar: Das ist jetzt so, damit musst du leben.

Sie waren nie depressiv?
Nach dem Unfall haben mir die Blindenschule und der Alltag geholfen. Später, am Ende der Schulzeit, habe ich zwar in Erwägung ge-

zogen, mich erneut dieser Lethargie hinzugeben. Ich merkte aber, wenn ich mich nicht am eigenen Schopf aus dem Schlamm ziehe, passiert nichts. Deshalb habe ich mich total in die Arbeit geworfen, und es hat geklappt. Es haben ja alle gesagt: Das ist ein Riesenfehler, du übernimmst dich, du hast das nicht gelernt. Wenn ich zurückblicke, verstehe ich selber nicht, wie ich das machen konnte. Ich war wie einer, der geköpft ist, aber trotzdem noch durch den Raum läuft.

Mittlerweile können Sie wieder sehen. War das wie ein kleines Wunder?
Ich hatte vor zwei Jahren eine Operation. und seither kann ich wieder besser sehen. Die Operation fand eine Woche vor der Art Basel statt, ich bin im Anschluss auf die Messe gefahren. Es war anstrengend, weil ich nicht gewöhnt war, so viele visuelle Eindrücke zu verarbeiten. Meine Blindheit hatte auch Vorteile. Man ist irrsinnig konzentriert, weil man von nichts abgelenkt wird. Ich habe ein sensationelles Erinnerungsvermögen.

Löste das Wieder-sehen-Können keine Euphorie aus?
Nein, seltsamerweise nicht. Es war nicht so, dass ich von Landschaften oder Malerei nicht genug bekommen konnte. Ich kann endlich sehen, was für Reaktionen ich bei Dritten auslöse. Das nimmt man ja vor allem visuell wahr. Aber meine Kunstwahrnehmung hat sich nicht geändert. Ich bin eher skeptischer geworden: Dass Kunst visuell anspricht, ist ja viel einfacher, als dass sie inhaltlich überzeugt.

Was halten Sie von Tizian, seit Sie wieder sehen können?
Am schönsten an Tizian finde ich, dass er meine Verlobte so rührt. Ich selbst habe aber immer noch keinen starken Bezug zu ihm.

➡ **JOHANN KÖNIG**
wurde 1981 in Köln geboren und wuchs in Frankfurt auf. 2002 gründete er die Galerie Johann König Berlin. Er betreut vor allem Konzeptkünstler, darunter Tatiana Trouvé und Alicja Kwade.

FRANZ XAVER KROETZ
»Sie wollte mich und das Baby«

➡

**FRANZ XAVER KROETZ ÜBER SEINE EXFRAU
UND WIE SIE SEINE LEBERWERTE VERBESSERTE**

22. April 2010
Das Gespräch führte Herlinde Koelbl
Foto von Herlinde Koelbl

Herr Kroetz, Sie sagten mal, Sie seien ein Mensch ohne Schranken. Wie meinten Sie das?
Ein Künstler, der Grenzen anerkennt, kann kein leidenschaftlicher Künstler sein. Kamikaze, Mord, Selbstmord – das gehört alles zum Beruf eines Dramatikers.

Hatten Sie schon mal Selbstmordgedanken?
Sehr oft. Vielleicht wäre ich schon tot, wenn ich nicht mit dem Schreiben ein Ventil gehabt hätte. Mit zwölf habe ich damit begonnen. Das war ein Segen für mich. Beim Schreiben habe ich alles losgekriegt. Was mir privat nicht geglückt ist, habe ich in den Stücken abgeladen.

Schreiben war zugleich Kamikaze?
Schreiben ist Qual, Selbstzerstörung, Vernichtung. Vermutlich wäre ich im Irrenhaus oder in der Trinkerheilanstalt, wenn ich nicht damit aufgehört hätte. Dramatiker werden meistens nicht sehr alt. Walser, Grass, Lenz – die werden uralt. Denn Prosa ist Labern. Und Labern geht im Leerlauf. Aber beim Drama-Schreiben musst du im Stand Vollgas fahren. Das macht das Auto und den Menschen kaputt.

Trotzdem sind Sie nicht kaputtgegangen.
Weil ich einen ganz starken Lebenswillen habe. Ich war von Anfang an angepfahlt. Meine Mutter stammte aus Tirol, da waren alle Bauern. Meine Großeltern väterlicherseits waren Schmiede in Niederbayern. Da hat's keine Künstler gegeben. Ich bin nicht als Spinner geboren, sondern habe eine gesunde Grundausstattung mitbekommen. Ich bin sozusagen gesund bis an den Abgrund gegangen.

In welche Abgründe haben Sie gesehen?
Als ich mit siebzehn bei der Schauspielschule rausgeschmissen wurde, hatte ich keine Zukunft und musste mich als Bau- und Hilfsarbeiter durchschlagen. Nach dem Tod meines Vaters hat meine Mutter das Haus vermietet, weil wir Schulden hatten. Ich musste im Keller schlafen, ohne Heizung. Dort unten habe ich dann geschrieben. Es war eine sehr, sehr harte Zeit, bis ich fünfundzwanzig war. Da hätte ich gerne die Welt ausgerottet, weil sie mich nicht anerkannt hat.

Manche Schriftsteller begeben sich extra in Abgründe, um Stoff fürs Schreiben zu finden.
Mir hat das Leben glücklicherweise so viel Scheiße hingeschaufelt, dass ich nicht reinspringen musste. Die Katastrophen sind alle von selber gekommen.

Welche zum Beispiel?
Es gab dauernd Katastrophen. Das war ein durchwachsenes, schreckliches Leben. Ich habe mein Leben lang gesoffen. Und es gab Verzweiflungen, wenn ich nicht schreiben konnte. Einmal habe ich deshalb in meiner Wut eine Küche zerlegt, bis keine Tasse mehr heil war. Das sind Explosionen gewesen. Aber ich hatte irgendeinen Schutzengel und habe nie einen Menschen erschlagen. Anders ist es erst geworden, als ich die Marie-Theres kennenlernte. Bis dahin war ich ein widerliches Kerlchen. Ich bin über Leichen gegangen, habe die Frauen schlecht behandelt. Mich hat nichts interessiert außer Schreiben.

Und Marie-Theres Relin hat Sie gerettet?
Ich hatte damals schon zwei Kinder mit zwei anderen Frauen. Aber

dann habe ich mich unendlich in sie verliebt, und sie ist schwanger geworden. Ich habe sie von der Klinik abgeholt, und Frau und Kind sind von diesem Augenblick an bei mir gewesen. 15 Jahre bis zur Scheidung. Sie war eine junge, gefragte, schöne Schauspielerin – aber sie ist zu mir gezogen, wollte mich und das Baby haben und hat gekocht, gemacht, getan. Das war eine Lebensrettung für mich.

Die Liebe war Ihre Rettung?
Die Liebe zu ihr und zu meinem Kind. Und dann kam noch das zweite Kind, und wir haben geheiratet. So eine Liebe bedeutet Fröhlichkeit, Stetigkeit, Harmonie. Das hat mir sehr gutgetan. Ich brauchte keine Katastrophen mehr zu erzeugen. Ich war glücklich. Wir haben uns zehn Jahre lang keinen Tag getrennt. Die Liebe hat mir geholfen, ich habe heute blendende Leberwerte.

Was hilft Ihnen seit der Trennung gegen den Alkohol?
Schreiben und Trinken hängen zusammen. Seit ich zu schreiben aufgehört habe, trinke ich viel weniger. Auch Yoga hilft. Wenn du am Morgen Yoga machst, brauchst du den Tag über nichts mehr zu trinken.

Versuchen Sie manchmal doch wieder zu schreiben?
Schreiben ist ein Lebensnerv, eine ungeheure Erotik. Du fühlst dich unheimlich stark. Das fehlt mir. Ich habe immer wieder versucht, zu schreiben, aber da kommt nichts. Ich glaube nicht, dass ich einen writer's block habe. Das liegt tiefer. Da ist irgendwie eine Goldader zu Ende. Es ist nichts mehr da, es ist vorbei. Das macht mich traurig.

FRANZ XAVER KROETZ
geb. 1946, ist Schriftsteller, Theaterautor, Regisseur und Schauspieler. Bevor er das Schreiben aufgab, war er für seine Produktivität ebenso bekannt wie für seine Exzesse und Wutausbrüche. Kroetz schrieb allein 65 Theaterstücke.

KATJA KULLMANN
»Ich hab wenig gegessen und Kontakte gepflegt«

**DIE AUTORIN KATJA KULLMANN
ÜBER IHRE ZEIT ALS HARTZ-IV-EMPFÄNGERIN**

16. Juni 2011
Das Gespräch führte Louis Lewitan
Foto von Stefan Nimmesgern

Frau Kullmann, 2002 waren Sie Bestsellerautorin, 2008 Hartz-IV-Empfängerin. Wie verlief der Absturz ins Prekariat?
Das ging langsam. Ich war als junge Journalistin in der New Economy bei einem Wirtschaftsmagazin tätig und habe 2001 gekündigt. Meine erste Amtshandlung als Freie war, ein Buch zu schreiben, mit ganz kleinem Vorschuss. *Generation Ally* wurde ein Bestseller, und ich hatte auf einen Schlag sehr viel Geld.

Was haben Sie mit dem Geld gemacht?
Ich habe es ganz ordentlich auf ein Sparkonto gelegt für schlechtere Zeiten und beschloss, frei zu bleiben. Im Grunde habe ich mir sieben Jahre lang die Freiberuflichkeit finanziert und es mir erlaubt, sehr wählerisch zu sein.

Haben Sie sich keinen Luxus geleistet?
Ich habe in Berlin in einer Charlottenburger Drei-Zimmer-Altbauwohnung mit Fischgrätparkett und Flügeltüren gelebt. Ich stand auf dieses hochgradig bourgeoise Ambiente.

Was ist so schlecht an bourgeoisem Leben?
Gar nichts, nur dass ich es mir als Hartz-IV Empfängerin nicht mehr

leisten konnte. Die Existenzangst, die mich dann überfiel, hat sehr viel mit meiner Herkunft zu tun.

Wie meinen Sie das?
Meine Eltern sind einfache Kaufleute. Ich bin in einem Reihenhaus aufgewachsen. Mit Prominenten Interviews führen, in großen Städten in teuren Hotelzimmern sitzen, das ist eine sehr andere Welt als die, aus der ich komme. Ich denke, es ging vielen gut ausgebildeten Mittelschichtskindern so: dass sie ihre Möglichkeiten in den nuller Jahren grandios überschätzt haben.

Haben Sie sich als Hochstaplerin gefühlt?
Nicht, solange es gut lief. Als der freie Journalismus zur mies bezahlten Tagelöhnerei wurde, habe ich versucht, wenigstens die Fassade der glücklichen, kreativen Freelancerin zu wahren. Eine unglaubliche Verdrängungsleistung.

Wann bröckelte die Fassade endgültig?
Es gab dann wirklich den Tag X, an dem zwei Aufträge im Gegenwert von dreitausend Euro Honorar platzten. Die Miete stand an, es kamen die Jahresabrechnungen, alles auf einen Schlag.

Warum haben Sie niemanden um finanzielle Unterstützung gebeten?
Es hat mit Stolz zu tun, mit Scham und einem Versagensgefühl.

Was haben Sie dann gemacht?
Es blieb mir keine andere Wahl als der Gang zum Arbeitsamt, ich habe das erste Mal vor einer Fremden geheult. Das Schlimme war, sich völlig entblößen zu müssen. Das Hartz-Verfahren ist ziemlich entwürdigend.

Wie kamen Sie über die Runden?
Wenn Sie monatelang dreizehn Euro am Tag haben, essen Sie unter der Woche ganz, ganz wenig, um am Wochenende dabei sein zu können, um die verfluchten Kontakte zu pflegen, Kollegen zu treffen,

Empfänge zu besuchen. Ich hatte mich entschieden, es niemandem zu sagen. Es war ein Kraftakt. Heute weiß ich: Viele machen es genauso. Letztlich hat mich das gerettet. Mein Ruf blieb intakt.

Was war der endgültige Tiefpunkt?
Im Dezember 2008 kam dann der Brief mit dem Umzugsbefehl. Ich hatte vier Wochen Zeit, eine Wohnung, die 345 Euro inklusive Umlagen kostet, zu finden.

Wie verzweifelt waren Sie?
Das war der Moment, in dem ich ernsthaft darüber nachgedacht habe, meinen Beruf aufzugeben. Ich hätte dann bei einem Callcenter für 11,80 Euro brutto die Stunde gejobbt. Ich hätte weiterhin wenig zum Essen gehabt, aber meine Welt, mein greifbares Leben, hätte ich behalten können.

Wie kamen Sie da wieder heraus?
Zehn Tage vor Weihnachten kam der rettende Anruf aus Hamburg. Eine Stimme fragte, wie im Film: »Wollen Sie in vier Wochen Ressortleiterin bei einem Frauenmagazin werden? Wir suchen eine starke Frau mit Charakter.« Und auf einmal war ich kein Sozialfall mehr, sondern eine sogenannte Leistungsträgerin. Es ist eigentlich ein großer Witz.

KATJA KULLMANN
geb. 1970, ist Journalistin und Buchautorin. Bekannt wurde sie durch ihren 2002 erschienenen Bestseller *Generation Ally. Warum es heute so kompliziert ist, eine Frau zu sein.* Später wurde sie Hartz-IV-Empfängerin und sodann einige Zeit lang Ressortleiterin bei *Petra*. 2011 erschien ihr Generationenporträt *Echtleben*.

ILDIKÓ VON KÜRTHY
»Meine Freundin sagte: Atme weiter!«

➥

ILDIKÓ VON KÜRTHY ÜBER DIE TRÄGHEIT, DIE SIE DAVOR SCHÜTZT, SICH ZU VERAUSGABEN

24. Februar 2011
Das Gespräch führte Ijoma Mangold
Foto von Stefan Nimmesgern

Frau von Kürthy, in Ihren Romanen beschäftigen Sie sich ja sehr mit der Frage nach dem gelingenden Leben. Ist Ihr Leben gelungen?
In meinem Leben hat sich alles gut gefügt. Schon in meinem Taufspruch hieß es: »Alles fügt sich und erfüllt sich«. Christian Morgenstern dichtete allerdings weiter: »musst es nur erwarten können«. Das passte dann nicht mehr so gut zu mir, denn ich bin nicht sehr geduldig. Ich wurde mit einer guten Portion Faulheit und Bequemlichkeit ausgestattet. Ich habe nichts übrig für Stress und bevorzuge den Weg des geringsten Widerstands. Wobei ich diesen Weg jedem empfehlen möchte – außer wenn es um Fettverbrennung und Muskelaufbau geht. Denn wenn man sich zu sehr schinden muss, ist das oft ein Zeichen dafür, dass man die Sache nicht wirklich gut kann. Ich habe den Weg gewählt, auf dem mein Talent liegt. Das war leicht, denn ich habe nur eines.

Und das lautet?
Sprache. In der Schule war ich in einer Klasse mit lauter Hochbegabten, die in jedem Fach sehr gut waren. Da sind einige gar nichts geworden. Es ist so, wie wenn man vor einem Regal steht und sich alles

kaufen kann, aber mit leeren Händen rausgeht. Ich hatte keine Wahl. Dafür bin ich dankbar, denn ich bin nicht gut in Entscheidungen.

Woher kommt Ihr Verhältnis zur Sprache?
Mein Vater war blind. Er verlor sein Augenlicht mit sechsundzwanzig Jahren als Kriegsgefangener. Er hat mich nie gesehen. Mit einem Blinden kann man nicht mit Blicken und Gesten kommunizieren, die Sprache war unser einziges Medium, darauf musste ich mich konzentrieren. Als Siebenjährige saß ich mit meinem Vater in einem Flugzeug und beschrieb ihm, wie Wolken von oben aussehen.

Sie klingen, als habe es das Schicksal sehr gut mit Ihnen gemeint.
Ja, aber ich habe es auch gut mit dem Schicksal gemeint und jede Chance ergriffen. Als verhätscheltes Einzelkind wie ich fühlt man sich ja gerne mal geliebt, auch wenn man nichts leistet. Dieses Selbstbewusstsein ist ein gefährliches Geschenk, weil Ehrgeiz und Disziplin auf der Strecke bleiben. In meinem Fall ist es noch mal gut gegangen: Ich verdiene Geld mit einer Arbeit, zu der ich mich selten zwingen muss, habe genug Zeit, meine Kinder persönlich zu beschimpfen und abends die neue Staffel von *White Collar* auf DVD zu gucken. Das Schicksal und ich, wir sind Freunde.

Ihre Romane sind voller Menschenkenntnis, weil Sie in allem immer das Typologische erkennen.
Wie freundlich von Ihnen. Sie nennen es »typologisch« – normale Intellektuelle nennen es lieber »klischeebelastet«. Ja, ich denke, ich bin eine ganz gute Menschenkennerin – und eine gute Freundin. Ich habe schon mit SMS Ehen gerettet. Wenn eine Freundin mir zum fünften Mal sagt, sie lasse sich jetzt wirklich scheiden, höre ich wieder so genau zu wie beim ersten Mal. Denn vielleicht ist es diesmal ernst – und dann möchte ich nicht weggehört haben. Ich bin eine Vielfühlerin, insofern gibt es kaum ein Problem, das ich nicht schon selber hatte. Selbstverständlich gelingt es mir nie, die Ratschläge, die ich anderen gebe, zu befolgen.

Und mussten Sie selbst auch mal gerettet werden? Gab es in diesem wohlgefügten Leben eine Wende?
Meine Freunde haben mich immer wieder gerettet. »Atme weiter!«, hat eine Freundin gesagt, als ich verzagen wollte. Das war schlicht und wirksam. Ein Anruf vor zwölf Jahren brachte eine entscheidende Wendung in meinem Leben: Eine Lektorin hatte einen Text von mir im *Stern* über das Heiraten gelesen und fragte, ob ich nicht ein kluges, lustiges Frauenbuch schreiben wolle. Ich wollte. Diese Frau hat mir das Glück auf dem Silbertablett angeboten. Britta Hansen ist heute eine sehr gute Freundin von mir, die nie in meiner Gegenwart etwas selber bezahlen darf, weil ich auf ewig in ihrer Schuld stehe.

Was kann jetzt noch kommen?
Gestern beim Zähneputzen habe ich mich gefragt, ob ich eigentlich genug aus mir mache. Müsste ich nicht eine Marke sein? Für Knäckebrot oder Fruchtgummi Werbung machen? In jeder Jury sitzen, bei jeder Quizsendung mitraten, zu jedem Scheiß ein Statement abgeben? Es mangelt nicht an Angeboten. Tatsächlich, kein Witz, wurde ich sogar schon mal für Nacktfotos angefragt. Aber für so was bin ich zu bequem. Es wirkt wie kluges Marketing, wie eine geschickte Strategie des Rarmachens, dabei hab ich's bloß gern gemütlich.

Die Trägheit ist Ihre Rettung: Sie verbrauchen sich nicht zu schnell!
Ja, vermutlich halte ich mich auch deswegen so lange an der Spitze, weil ich zu wenig mache, um den Leuten auf die Nerven zu gehen.

➡ **ILDIKÓ VON KÜRTHY**
geb. 1968 in Aachen, besuchte die Henri-Nannen-Schule und war Redakteurin beim *Stern*, bevor sie Schriftstellerin wurde. Ihre Romane über die Alltagsprobleme junger Frauen erreichen Millionenauflagen. 2010 erschien *Endlich!*. Von Kürthy lebt in Hamburg.

JOHANN LAFER
»Ich habe gemerkt, mein Körper lebt noch«

JOHANN LAFER ÜBER SEINE KRISE MIT FÜNFZIG — UND DARÜBER, WIE ER ÜBERMÄSSIGES ESSEN MIT LEBENSFREUDE VERWECHSELT HAT

10. März 2011
Das Gespräch führte Louis Lewitan
Foto von Stefan Nimmesgern

Herr Lafer, was kommt denn heute auf den Tisch?
Es gibt Hasenrücken à la Wellington mit Kartoffelklößchen, die mit Preiselbeeren gefüllt sind, und dazu Steckrüben mit Vanille und Honig.

Kartoffelklößchen? Worin besteht die besondere Herausforderung?
Ich habe eine klare Vorstellung davon, wie ein Kartoffelkloß zu sein hat, optisch, in der Konsistenz und im Geschmack. Für eine hochwertige Zubereitung lebe ich, und ich bin manchmal entsetzt, dass ich dem Ideal eines Kartoffelkloßes nicht nahe komme.

Mit Verlaub, Sie lassen sich von einem Kartoffelklößchen aus der Balance bringen?
Ja, weil ich hart und anspruchsvoll mit mir bin. Für mich gibt es eine einzige Messlatte, das Streben nach Qualität und Perfektion.

Sind Sie ein Perfektionist?
Ich würde gern einer sein. Heute sage ich: Lieber weniger und besser als alles nur halb.

Wie kommt es dann, dass Sie als Sternekoch, Unternehmer, Buchautor, Hochschulprofessor, Pilot und Fernsehstar in den Medien als »Hansdampf in allen Gassen« angegriffen wurden?
Das ist für mich natürlich schmerzhaft. Mich stört dieses Etikett, weil ich das nicht bin. Mir ist klar, dass ich aufgrund meiner Präsenz in den Medien nicht nur Freunde habe. Es ist für einige Menschen unverständlich, dass man viele Aufgaben gleichzeitig und dann auch noch mit Freude und gut erledigen kann.

Besteht bei so viel Erfolg denn nicht die Gefahr, abzuheben?
Ich habe nie vergessen, dass ich aus der Steiermark, von einem kleinen Bauernhof komme. Ich habe dort Respekt und Ehrfurcht vor der Natur gelernt. Für mich ist Kochen keine Effekthascherei, weder Kasperltheater noch Show. Ich versuche kein Schnitzel hochkant zu braten, damit der Konsument sagt, Johann, für mich bist du der Größte.

Wie definieren Sie Erfolg?
Der Maßstab des Erfolges ist nicht der Umsatz des Abends, sondern mit welcher emotionalen Erwiderung der Gast mir gegenübersteht und welches glückliche Gefühl er mir gibt. Für mich ist Kochen nach wie vor das Erzeugen von Genuss für das persönliche und das Wohlergehen anderer.

Besteht nicht für den, der stets für das Wohlergehen anderer sorgt, die Gefahr, selbst auf der Strecke zu bleiben?
Absolut. Kurz vor meinem fünfzigsten Geburtstag hatte ich persönlich eine schwere Krise, fast einen Burn-out. Ich hatte mir ein Labyrinth gebaut und keinen Ausweg mehr gesehen. Ich war mein eigener Gefangener. Dieses immer weiter, höher, noch besser ...

Haben Sie die Warnsignale nicht rechtzeitig wahrgenommen?
Habe ich nicht. Ich dachte, das Leben und der Erfolg sind unbegrenzt, dich kann nichts umbringen. Ich habe bei Kerner gekocht. Wenn Sie mich eine Minute nach der Sendung gefragt hätten, was haben Sie gekocht, ich hätte es gar nicht mehr gewusst. Ich war der beste

Schauspieler. Was habe ich alles getan, um allen das Gefühl zu geben, ich bin der große King, der tolle Johann Lafer, der immer lacht.

Was ging in Ihnen wirklich vor?
Nach außen habe ich perfekt funktioniert. Im Innern war ich jedoch leer, kaputt, traurig, ich habe keinen Baum und keine Pflanze mehr gesehen. Alles war mir zu viel.

Wann kam der Wendepunkt?
Es war kurz vor Weihnachten. Ich war an einem Tiefpunkt. Da habe ich zu mir gesagt, Johann, du kannst nicht mehr, du willst nicht mehr so weitermachen und in irgendeiner Klinik landen. Sollte ich von der Brücke springen oder alles hinschmeißen? Nein, ich wollte zurück zu meiner Sensibilität und meine Fröhlichkeit wiederhaben. Ohne dieses Gespür kann ich als Koch nicht zaubern.

Was hat Sie gerettet? Wie fanden Sie aus diesem Labyrinth heraus?
Ich habe nach 15 Jahren mit Unterstützung einer Fitnesstrainerin wieder mit Sport angefangen. Am Anfang kam ich mir vor wie der Opa. Ich hasste diese Frau. Irgendwann habe ich gemerkt, mein Körper lebt noch. Dafür bin ich ewig dankbar. Ich habe mich gefragt, was ich eigentlich esse, obwohl ich Koch bin, und habe vieles geändert.

Und was haben Sie geändert?
Ich habe meinen Terminkalender gestrafft, der maßlosen Ernährung als Ersatz für Lebensfreude abgeschworen. Gut und richtig essen, das ist heute meine Formel. Ich habe vor allem erkannt: Nur ich selbst kann mir die Freude wieder geben. Das ist das Gerechte auf dieser Welt, das innere Ich, die Seele kannst du nicht kaufen, das musst du leben. Ich bin mir wieder treu geworden.

➡ **JOHANNES LAFER**
geb. 1957, bekannt durch beliebte Kochsendungen, zählt zu den erfolgreichsten Kochbuchautoren. Seit 2009 Lehrauftrag an der Hochschule Fulda. Sein Restaurant Le Val d´Or auf der Stromburg wurde mehrfach ausgezeichnet.

VERA LENGSFELD
»Ich las meine Stasiakten und schrieb das Buch«

VERA LENGSFELD ÜBER DEN VERRAT IHRES MANNES, DER SIE FÜR DIE STASI BESPITZELTE

11. März 2010
Das Gespräch führte Herlinde Koelbl
Foto von Herlinde Koelbl

Frau Lengsfeld, Ihr ehemaliger Mann Knud Wollenberger war IM bei der Stasi und hat Sie ausspioniert. Wie haben Sie davon erfahren?
Das war Anfang Dezember 1991. Ich war zu Hause in Thüringen. Eines Abends rief mich ein befreundeter Journalist an und sagte: »Vera, morgen steht in meiner Zeitung, dass Knud ein inoffizieller Mitarbeiter war. Wann legst du dein Bundestagsmandat nieder?« Darauf antwortete ich nur: »Was hat das mit meinem Mandat zu tun? Ich komme nach Berlin. Ich will Beweise sehen.« Dann befragte ich meinen Mann, und er schwor mir bei unseren zwei Kindern, dass er kein IM gewesen sei.

Doch die Beweise sprachen gegen ihn?
In Berlin erfuhr ich, dass sein eigener Stasi-Führungsoffizier ihn geoutet hatte. Es blieb Knud nichts übrig, als alles zuzugeben.

Was haben Sie in diesem Moment empfunden?
Nur Schmerz. Ich fühlte mich wie von einer Lawine überrollt. Über Nacht war mein ganzes bisheriges Leben zu Ende. Ich vergleiche das immer mit jemandem, der durch einen Unfall einen Arm verliert und dann nur noch die Wahl hat, entweder den Verlust endlos zu

betrauern oder sich zu überlegen, wie man am besten mit einem Arm weiterlebt.

Wofür haben Sie sich entschieden?
Für Letzteres. Ich forderte meinen Mann auf, auszuziehen, was er am nächsten Morgen tat. Dann beschloss ich, den Kindern die ganze Wahrheit zu sagen, und rief einen Psychologen an, damit er mich dabei unterstützte. Zu meiner großen Erleichterung haben sich die Kinder dafür entschieden, bei mir zu bleiben. Ich organisierte eine Kinderbetreuung, ordnete mein Leben neu und reichte die Scheidung ein. Wegen außerordentlicher Schwere wurden wir bereits im Februar 1992 geschieden.

Es blieb Ihnen also kaum Zeit, sich mit Ihren Gefühlen auseinanderzusetzen?
Das kam erst später. Im Sommer rief mich ein alter Freund an, der Lektor bei Elefantenpress war, und schlug mir vor, ein Buch darüber zu schreiben. Ich sagte sofort Ja, weil das eine Chance war, mit dieser ganzen Geschichte klarzukommen. Ich las einen ganzen Sommer lang meine Stasi-Akten und schrieb das Buch in sechs Wochen. Danach war's vorbei.

Das Buch war Ihre Rettung, weil Sie sich alles von der Seele schreiben konnten?
Ja, es hat mich dann nicht mehr bedrückt. Aber es war nach wie vor schwer für mich, mich damit abfinden zu müssen, dass es Dinge gibt, für die man keine Erklärung hat.

Weil Knud Wollenberger Ihnen nie eine ehrliche Antwort gab, warum er die eigene Frau bespitzelt hatte?
Das tat er erst zehn Jahre später in einem Brief. Er schrieb, er habe Angst um mich gehabt und geglaubt, dass er, wenn er mit denen rede, rechtzeitig erfahren würde, wann mir eine Gefahr drohe. Ich glaubte ihm, weil er tatsächlich alles getan hatte, was in seinen Kräften stand, um mich davon abzuhalten, zu dieser Demonstration zu gehen, bei der ich dann verhaftet wurde.

Das war 1988. Sie wurden danach wie auch andere Bürgerrechtler zu einer Gefängnisstrafe verurteilt. Haben die Berichte Ihres Exmannes zu dieser Verurteilung beigetragen?
Nein, ich war sogar erstaunt, wie wenig ich in den Stasi-Akten fand.

Haben Sie Ihr Urteil deshalb revidiert?
Wie viel oder wenig er über mich berichtet hat, ändert nichts daran, dass er es tat. Erst jetzt, da er sehr krank ist, bin ich etwas milder gestimmt. Ich bin davon überzeugt, dass diese Krankheit mit seinem Verrat zusammenhängt.

Hat er sich bei Ihnen entschuldigt?
Ja, in dem Brief. Nachdem ich den gelesen hatte, konnte ich ihm auch verzeihen.

Was haben Sie aus dieser Erfahrung gelernt?
Dass es gut ist, bei der Wahrheit zu bleiben, selbst wenn diese schrecklich ist. Ich glaube, wir sind als Familie nur deshalb relativ gut da rausgekommen, weil ich den Kindern die Wahrheit zugemutet habe. Das hat dazu beigetragen, dass sie damit umgehen und später ihrem Vater Fragen stellen konnten, die er ihnen auch offen beantwortete. Auch mir selbst hat es geholfen, mich mit der Wahrheit zu konfrontieren und mir jedes einzelne Drecksblatt in den Stasi-Akten anzusehen. Wenn auch meine ehemaligen Freunde die Wahrheit gesagt hätten, wäre vielleicht alles anders gekommen. Denn wie sich später herausstellte, wussten es einige von ihnen bereits ein halbes Jahr vor mir. Die eigentliche Zumutung damals war, dass ich gezwungen war, eine absolut private Tragödie in der Öffentlichkeit zu verarbeiten. Ich kann wirklich nicht sagen, was gewesen wäre, wenn Knud und ich die Möglichkeit gehabt hätten, das im Stillen für uns zu klären.

VERA LENGSFELD
Die 1952 geborene Bürgerrechtlerin wurde 1988 verhaftet und in den Westen abgeschoben. Sie war Mitglied von Bündnis 90/Die Grünen, bis sie 1996 aus Protest gegen Koalitionen mit der PDS in die CDU eintrat.

SIBYLLE LEWITSCHAROFF
»Die Straßenbahn fuhr in den Himmel«

➡

**SIBYLLE LEWITSCHAROFF ÜBER
EIN DROGENERLEBNIS, DURCH DAS SIE SICH VOM
MUFF IHRER KINDHEIT BEFREITE**

30. Dezember 2010
Das Gespräch führte Ijoma Mangold
Foto von Stefan Nimmesgern

Frau Lewitscharoff, hat es in Ihrem Leben eine Erfahrung gegeben, von der Sie im Rückblick sagen würden: Die hat tatsächlich etwas mit meinem Leben gemacht?
Ja, die hat es gegeben, eine wirkliche Rettungserfahrung. Ich war damals dreizehn Jahre alt und in einem immer noch sehr verwirrten Zustand, weil sich zwei Jahre zuvor mein Vater erhängt hatte. Der Tod des Vaters hatte mich herauskatapultiert aus der Kindheitswelt. Ich wurde binnen weniger Monate ein radikal anderer Mensch.

Wie haben Sie sich verändert?
Das Fromme und Umgängliche, das ich als Kind hatte, legte ich ab zugunsten eines viel härteren und kantigeren Charakters. Ich hatte Revolutionsvorstellungen, Spartakus, Leninismus, das spielte plötzlich eine große Rolle. Und ich war sehr, sehr unglücklich. In dieser Situation wurde ich auf eine Party der Stuttgarter Kunstakademie mitgenommen. Dort gab es LSD. Ich war eigentlich ein bisschen jung für die Sache, aber es wurde trotzdem zu einem riesigen Erlösungserlebnis. Sämtliche Sinneserfahrungen waren unglaublich intensiviert. Die Kunstakademie liegt auf einem der Stuttgarter Hügel, wie Degerloch, wo ich gewohnt habe. Es war vielleicht elf Uhr

abends, und ich hatte einen enormen Bewegungsdrang. Ich bin hellauf begeistert – begeistert wie ein Geschöpf, das mit den Beinen Stuttgart regiert – den Hügel runtergesprungen in Siebenmeilenstiefeln, sprungbeseelt, in dem Gefühl, ich bekäme die ganze Stadt unter die Füße. Es hatte etwas Weltherrscherliches. Unten stieg ich in die Straßenbahn Nummer 6, die nach Degerloch fuhr, und da passierte etwas ganz Tolles. Die Straßenbahn löste sich aus den Gleisen und fuhr direkt hinauf in den Degerlocher Sternenhimmel: Dort oben waren die Toten der Familie um Jesus versammelt. Ausgerechnet die Straßenbahn Nummer 6 fuhr in ein Jenseits, wo die geliebte Großmutter, der Vater und Jesus auf mich warteten.

Wie wurde die Halluzination zur Rettung?
Sie war eine Heilungserfahrung. Zum ersten Mal wurde die Muffigkeit, mit der die Familie mit dem Tod umging, gesprengt. Die waren ja alle in so einer pelzigen Hölle des depressiven Muffs gefangen. Mein Bruder war schon zum Studieren außer Haus, und ich war allein mit dieser schrecklichen Mutter. Und plötzlich war alles anders. Die Toten gehörten plötzlich dazu, ganz Degerloch war dabei. Die liebenswürdige Großmutter saß neben Jesus. Es war eine Grundversammlung all dessen, was ich mir gewünscht hatte. Alle, die mir lieb und teuer und wert waren und an denen mein Leben bislang gehangen hatte, waren wieder da in einem versöhnlichen Kosmos.

Wenn dieser LSD-Trip eine so reiche Erfahrung war: Haben Sie ihn wiederholt?
Ein paarmal. Aber es war dann nicht mehr so gut, und ich habe es sein lassen. Ich hatte auch Glück: Der harte Drogenkreis, in den ich gut hätte hineingeraten können, gefiel mir irgendwie nicht. Zu verwahrlost, keine Buchnarren. Das stieß mich ab. Ich war ein schwäbisches Ordnungskind. Ich hab's gern sauber gehabt.

Würden Sie LSD weiterempfehlen?
Das nicht, aber mir brachte es das erste große Rettungserlebnis aus einer seelischen Krise. Es riss mich mit einem Sprung heraus aus dem miesen kleinen Leben, das ich zu führen gezwungen war.

Zehren Sie auch heute noch von dieser Erfahrung?
Ja. Wenn ich beim Schreiben eines Romans, der zunächst ganz im Vernünftigen spielt, in die Steigerungsfantasie komme, sodass ich hinaus möchte aus dem engen Realismus, der mir immer gefängnishaft-unbehaglich vorkommt, erinnere ich mich sofort an dieses LSD-Erlebnis. Eine Wahrnehmungsdifferenz zum Üblichen, die mich sehr geprägt hat.

SIBYLLE LEWITSCHAROFF
wurde 1954 in Stuttgart geboren. Sie arbeitete als Buchhalterin und schrieb Hörspiele, bevor sie als Literatin Erfolg hatte. 1998 erhielt sie den Ingeborg-Bachmann-Preis für ihren Roman *Pong*, in dem sie die Welt aus der Sicht eines Verrückten schildert. 2011 erschien der Roman *Blumenberg*, für den sie mit dem Wilhelm-Raabe-Literaturpreis ausgezeichnet wurde.

MARIO VARGAS LLOSA
»Mein Vater verbot mir zu schreiben«

➔

DER LITERATURNOBELPREISTRÄGER MARIO VARGAS LLOSA ÜBER EINE SCHMERZHAFTE ERFAHRUNG, DIE IHM STOFF FÜR SEINEN ERSTEN ROMAN LIEFERTE

6. Oktober 2011
Das Gespräch führte Louis Lewitan
Foto von Stefan Nimmesgern

Herr Vargas Llosa, bis Sie zehn Jahre alt waren, wuchsen Sie ohne Ihren Vater auf. Wie verlief Ihre Kindheit?
In meinem Fall trifft die Metapher vom goldenen Zeitalter der Kindheit wirklich zu. Ich lebte mit meiner Mutter und deren Familie zusammen. Ich war ein Junge ohne Vater, ich hatte jedoch viele Väter, meinen Großvater, meine Onkel. Ich war glücklich, bis mein Vater aus dem Nichts auftauchte.

Warum lebte Ihr Vater nicht bei Ihnen?
Man hatte mir erzählt, er sei tot. Meine Familie war sehr katholisch und schämte sich für die Scheidung meiner Eltern – ich glaubte also, mein Vater sei im Himmel, und bewahrte ein Bild von ihm in seiner blauen Marineuniform auf.

Warum haben sich Ihre Eltern getrennt?
Es war eine schreckliche Geschichte. Als meine Mutter meinen Vater kennenlernte, war er Fluglotse und ein sehr gut aussehender Mann. Sie sah ihn, und es war ein *coup de foudre*. Ihre Familie sagte: Warte, Dorita, warte noch, aber das konnte sie nicht, meine Mutter war wie ich, sehr dickköpfig. Also heirateten sie und gingen nach Lima, und

offensichtlich war ihr Leben ein Albtraum, weil sie so unterschiedlich waren. Meine Mutter wurde sofort schwanger, und ein paar Monate später tat er etwas sehr Hässliches. Er sagte zu ihr: Du gehst zu deiner Familie, und ich gehe nach Bolivien. Er verschwand, er antwortete nicht auf Briefe, er rief nie an, und schließlich verlangte er die Scheidung.

Wie haben Sie erfahren, dass er noch lebt?
Eines Tages nahm mich meine Mutter mit auf einen Spaziergang und sagte: »Mario, du weißt, dass dein Vater lebt, oder?« Nein, ich wusste es nicht. Meine Mutter erwiderte: »Wir werden ihn jetzt treffen, aber du darfst deinen Großeltern kein Wort davon sagen.« Ich glaube, ich habe mich bis heute nicht von den Worten meiner Mutter erholt.

Was passierte dann?
Sie nahm mich mit in ein Hotel, wo wir einen Herrn trafen, der dem von meinem Foto sehr wenig ähnelte. Er war ganz kahl und trug keine Uniform. Ich war völlig verwirrt. Er sagte: Lasst uns eine Rundfahrt durch die Stadt machen, und wir stiegen in sein blaues Auto. Doch anstatt in die Stadt zu fahren, fuhren wir hinaus aufs Land. Nach einer Weile sagte ich: Mama, werden sich die Großeltern nicht Sorgen machen? Da bekam ich zum ersten Mal die autoritäre Stimme meines Vaters zu hören, die zum Albtraum meiner Jugend werden sollte. Er sagte: Na und, ein Junge gehört zu seinen Eltern, oder? Von da an änderte sich alles – meine Mutter und ich begannen von einem Tag auf den anderen ein neues Leben in Lima, mit ihm.

Wie dramatisch war diese Veränderung?
Ich lernte Angst und Einsamkeit kennen. Ich war noch nie geschlagen worden, und plötzlich wurde ich brutal geschlagen, von meinem Vater. Dieser Mann war mir völlig fremd, und ich begann sofort, ihn zu hassen. Er brachte mich fort von meinen geliebten Großeltern.

Sie lebten nun mit einem Fremden zusammen, der auf einmal Ihr Vater sein sollte.
Diese Erfahrung war für mich essenziell, nicht nur für meine litera-

rische Berufung. Mein Vater war sehr autoritär, sogar brutal. Er hasste alles, was mit Büchern zusammenhing. Bei der Familie meiner Mutter galt ich als begabtes Kind. Ich wurde gefeiert, wenn ich ein Gedicht oder eine Geschichte schrieb. Als mein Vater davon erfuhr, sagte er: Ein Schriftsteller ist ein Perverser, ein Homosexueller. Er verbot mir, zu schreiben, und schickte mich auf eine Militärschule. Damit bescherte er mir den Stoff für meinen ersten Roman.

Hat Ihr Vater Sie ungewollt zum Schriftsteller gemacht?
Ja, das heimliche Schreiben und Lesen war für mich der einzige Weg, gegen diesen Mann zu rebellieren. Ich glaube, mein Vater war einer der Gründe, warum ich Diktaturen so verabscheue. Er war in unserer Familie das, was ein Diktator in einem totalitären Regime ist.

Schreiben wurde zur Rettung für Sie?
Es gab mir meine Unabhängigkeit und Souveränität zurück, die ich in der Gegenwart meines Vaters völlig verloren hatte. Beim Schreiben konnte ich mich meinem Leben stellen, allen Enttäuschungen, dem Scheitern. Ich denke, für einen Künstler ist das wunderbar: Du kannst alles, was schiefgeht in deinem Leben, benutzen und in Fiktion verwandeln. Das ist eine große Befreiung.

Haben Sie und Ihr Vater sich versöhnt?
Eines Tages, als ich schon bekannt war, hat er in *Time* einen Beitrag über mich gesehen. Das war die Überraschung seines Lebens. Er war so davon überzeugt, dass ich ein Versager war, und dann war ich in *Time*. In den letzten Jahren seines Lebens machte er einen vorsichtigen Versuch der Annäherung. Aber es war zu spät.

➤➤ **MARIO VARGAS LLOSA**
geb. 1936, erhielt 2010 den Nobelpreis für Literatur. Er ist spanisch-peruanischer Herkunft und kandidierte 1990 für das Präsidentenamt in Peru. 2011 wurde er vom spanischen König in den Adelsstand erhoben. Im selben Jahr erschien sein jüngstes Buch, *Der Traum des Kelten*.

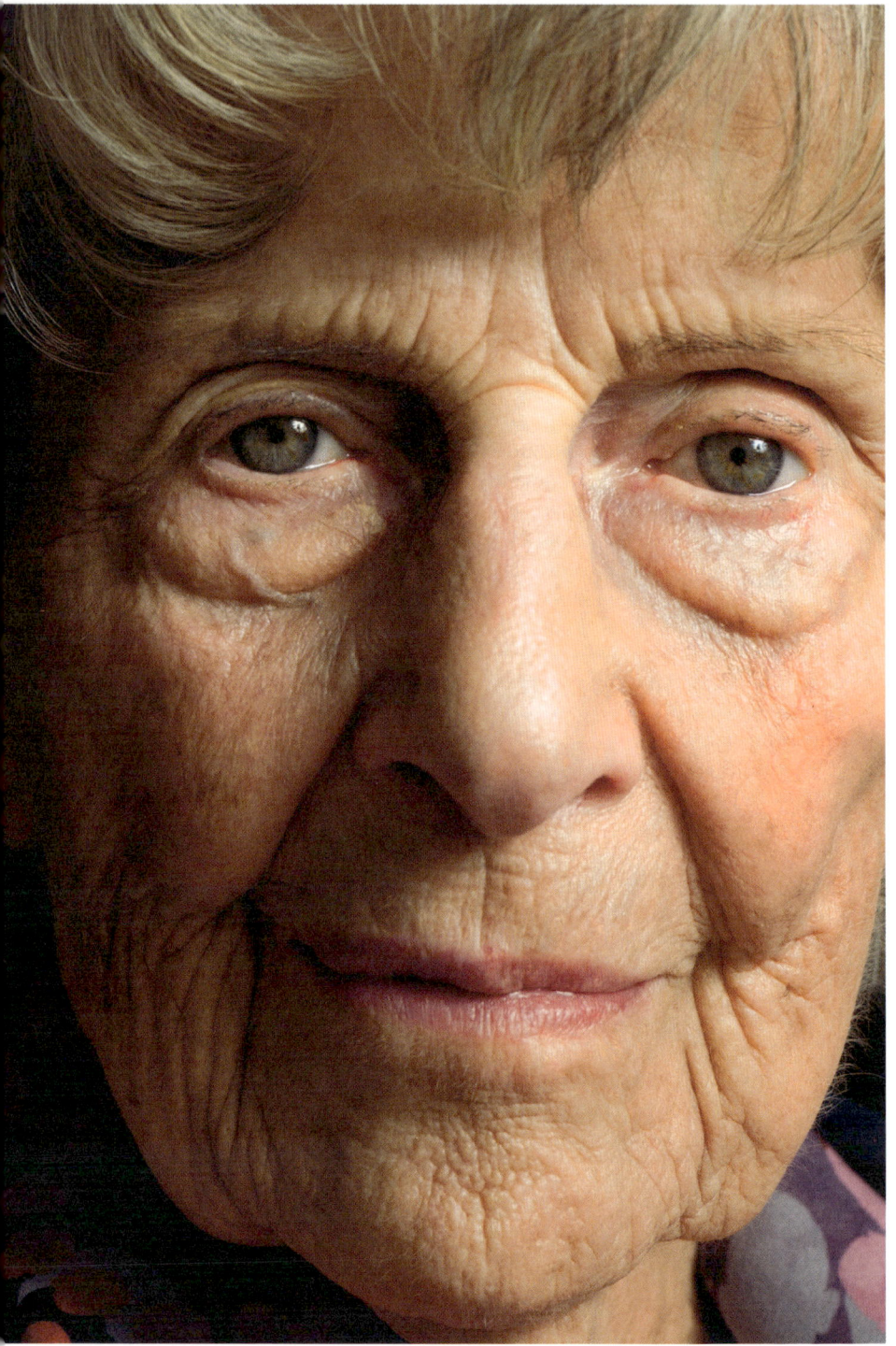

MARGARETE MITSCHERLICH
»Ich machte eine kleine Kopfbewegung«

MARGARETE MITSCHERLICH ÜBER DIE ERSTE BEGEGNUNG MIT IHREM SPÄTEREN MANN

30. September 2010
Das Gespräch führte Herlinde Koelbl
Foto von Herlinde Koelbl

Frau Mitscherlich, Sie sagten einmal in einem Interview, dass Frauen eine natürliche Disposition zur Unterwerfung hätten.
Was ich damit meinte, ist, dass der Geschlechtsverkehr ein aggressiver Akt des Mannes sein muss. Durch die Notwendigkeit, dass er zeugen muss, ist der Ärmste gezwungen, in den Körper eines anderen Menschen einzudringen. Und die Frau ist gezwungen, an diesem Übergriff Lust zu empfinden, sonst gäbe es keine Kinder auf der Welt. Es muss Einfühlung und Zärtlichkeit dabei sein, aber die Frau will und genießt es auch, dass der Mann aggressiv wird.

Wie war das bei Ihnen selbst?
Mein Liebesleben war zunächst geprägt durch die christliche Moral meiner Familie. Man sprach nicht über Sexualität, und meine Eltern waren entsetzt, wenn ich mich in meiner frühen Kindheit plötzlich an Türen rieb oder mich an bestimmten Stellen anfasste. Ich glaube, man hat vielen Mädchen die Lust an der Sexualität vermasselt.

Was hat Sie davor bewahrt, ein normales Frauenleben zu führen?
Hier war meine Mutter sicher ein Vorbild für mich. Als Gertrud-Bäumer-Anhängerin war sie immer an der Selbstständigkeit der Frau in-

teressiert. Sie hat trotz Kindern als Lehrerin unterrichtet, und sie fuhr den dicken Wagen, während mein Vater nicht Auto fahren konnte.

Als Erwachsene zeichneten Sie sich durch eine gewisse Radikalität aus. War das schon bei der kleinen Margarete so?
Ich war ein trotziges Kind. Man konnte alles bei mir erreichen, wenn man nett war, aber man konnte mich zu nichts zwingen. Wenn ich nicht wollte, kriegte man keinen Bissen in meinen Mund. Ich hatte eine sehr gute Freundin. Wir waren das, was die Engländer tomboy nennen: Wir trugen nur Hosen und kurze Haare, während die anderen Zöpfe hatten. Später, mit acht oder neun, trugen wir auch Röcke, aber möglichst kurze. Und wir liebten es, am Waldrand Purzelbäume zu schlagen und dabei unseren halb nackten Po zu zeigen – nur aus Lust, andere Menschen zu empören.

1947 haben Sie Alexander Mitscherlich kennengelernt, der damals noch verheiratet war. Sie sagten einmal, das sei Ihr einziger One-Night-Stand gewesen. Das war zu dieser Zeit wohl sehr unüblich.
Nun, ich war dreißig und hatte eine langjährige Beziehung mit einem Mann gehabt. Der war ein intelligenter, aber durchaus gestörter Mensch. Das war mehr eine Mitleidsbeziehung. Sexuell hatte ich mit ihm nicht viel Freude. Ich war immer froh, wenn es vorbei war. Die Beziehung ging zu Ende, weil ich mich von ihm trennte – nicht ohne Schuldgefühle, denn er reagierte darauf mit Selbstmorddrohungen. Danach arbeitete ich als Ärztin in Ascona, wo ich Alexander zufällig bei einer Patientin begegnete. Er war ein appetitliches, angenehmes, kluges Wesen und ein sehr attraktiver Mann. Plötzlich hat irgendetwas in mir einen Entschluss gefasst, und wupp ...

... waren Sie im Bett.
Es war für mich ein großes Ereignis, eine mutige Tat: Du hast es riskiert, wunderbar! Ich wollte nur eine Affäre haben, aber es ging dann immer weiter. Es war eine sehr beglückende Sexualität, die uns zusammenhielt.

Haben Sie sich ihm auch unterworfen?
Ja, aber ich hatte immer das Gefühl, ich könnte ja gehen. Er sagte: Such dir lieber einen anderen! Denn er liebte auch seine Frau und wollte sie nicht verlassen. Als ich dann ein uneheliches Kind von ihm bekam, ging ich zurück nach Deutschland. Und schließlich wollte er doch mit mir zusammenleben.

Sie schrieben dann gemeinsam Bücher und hatten ein erfülltes Leben. Kann man sagen, dass der spontane Entschluss, sich auf diese Affäre einzulassen, Sie gerettet hat?
Es war eine kleine Kopfbewegung, die mich gerettet hat. Bei unserer ersten Begegnung machte er eine Bewegung auf mich zu. Ich wusste ganz genau: Wenn du jetzt deinen Kopf nicht wendest, dann ist das heute Abend zu Ende. Und ich habe mich ihm zugewandt. Gott sei Dank! Diese Kopfbewegung war meine Rettung aus der Gefangenschaft, aus den Schuldgefühlen meiner Kindheit. Sie war der Anfang meines Lebens als eigenständige Persönlichkeit, die weiß, was sie will...

... und Lust an der Sexualität hat.
Ja, aber die Lust an der Sexualität ist kurz und intensiv und vergeht irgendwann. Nur die Lust am Lesen, die Lust am Denken und Erkennen, die bleibt ein Leben lang.

➡ MARGARETE MITSCHERLICH

(* 1917, † 2012) ist eine der bekanntesten Psychoanalytikerinnen Deutschlands. Zusammen mit ihrem Mann, Alexander Mitscherlich, schrieb sie 1967 *Die Unfähigkeit zu trauern*, das von den Deutschen und ihrem Umgang mit der NS-Zeit handelt. 2010 erschien ihr letztes Buch *Die Radikalität des Alters: Einsichten einer Psychoanalytikerin*. Mitscherlich erhielt zahlreiche Auszeichnungen und Ehrungen und war u.a. Mitglied des P.E.N.-Zentrums.

ARMIN MUELLER-STAHL
»Fiktive Dialoge mit dem Politbüro«

ARMIN MUELLER-STAHL ÜBER DIE KREATIVITÄT, DIE IHN VOR SCHWARZEN LÖCHERN RETTETE

17. Februar 2011
Das Gespräch führte Louis Lewitan
Foto von Stefan Nimmesgern

Herr Mueller-Stahl, Sie wirken so souverän und gelassen. Woher kommt das?
Gelassenheit hängt davon ab, womit man sich beschäftigt, was einen ausfüllt und einem die größte Freiheit gibt. Bei mir ist es die Malerei. Obwohl ich in über hundert Filmen gespielt habe, bin ich vor allem ein Maler, der auch schauspielert.

Was gibt Ihnen die Malerei?
Ich empfinde sie als eine Rettung vor der Unfreiheit und eine Rettung in der Freiheit, der inneren Freiheit. Da bin ich Regisseur, Kameramann, ich bin alles in einer Person, und ich bin unabhängig. Die Zeit ist aus meinem Körper, wenn ich male. Das sind die Momente, in denen Sie wirklich fliegen können. Die Malerei fällt mir viel leichter als die Schauspielerei, da müssen Sie all die blöden Texte auswendig lernen. Der Akt des Zeichnens hingegen macht mir Freude, stimmt mich heiter und bringt mich von Problemen weg.

Und wenn Sie vor der Kamera stehen, sind Sie auch so gelassen?
Es gibt Tage, an denen ich sehr nervös bin. Sie kriegen eine Fülle an Informationen und müssen spielen und so tun, als würden Sie dieses Leben der Lüge – Film ist immer Lüge – in dem Augenblick so leben,

als wäre es das pralle Leben. Der Zuschauer hört ja nicht die Regieanweisung und sieht nicht das Kreuz auf dem Boden, wo ich zu stehen habe.

Das Kino ist für Sie eine Lüge?
Ja, das ist doch eine alte Weisheit. Die Frage ist, wie man lügt. Sie müssen doch das Publikum überzeugen, dass das, was Sie erzählen, die Wahrheit ist.

Um die Menschen besser zu machen?
Ja, auch, doch vor allem klüger. Sie erfahren etwas über sich. Jeder Mensch lügt mal, jeder hat einen Rucksack voller Dinge, die er nicht gerne zeigt.

Da fällt mir Ihr Gedicht ein: »Ein Mensch ist gemein / ein Mensch ist nicht fein, ein Mensch ist nicht rein / ein Mensch will so sein / nur beim Menschenmachen kann man manchmal lachen.« Wie gemein ist der Mensch?
Das Wort »manchmal« ist mir an dieser Stelle wichtig. Im Großen und Ganzen gibt es diese gemeine Seite wohl in jedem Menschen. Früher waren wir Deutschen die schlimmsten Menschen auf der Welt, und heute sehen wir all die Gemeinheiten der anderen in den Nachrichten. In jedem Jahr sterben Millionen an Krieg, Aids, Hunger und aufgrund von Naturkatastrophen – die sind sozusagen eine Zugabe vom lieben Gott, der sorgt dann dafür, dass nicht zu viel Gutes auf der Welt geschieht.

Ein solches »Geschenk« war wohl auch die DDR. Was hat Sie in dieser Zeit gerettet?
Das Schreiben. Als ich 1976 in der DDR kaltgestellt wurde, war ich einer der beliebtesten Schauspieler. Plötzlich war das Telefon still, ich bekam keine Arbeit, kein Angebot, gar nichts mehr. Jeden Morgen fuhr mir innerlich so eine Walze über den Körper, das war eine harte Zeit. Ich ging durch die Straßen und führte fiktive Dialoge mit Politbüromitgliedern. Diese unausgesprochenen Worte, die mich piesackten, musste ich zu Papier bringen. Nur aus dem Fenster gucken

hätte mich depressiv gemacht. Da habe ich mein erstes Buch geschrieben, *Der verordnete Sonntag*.

Die Macht der Worte hat Sie gerettet?
Zunächst ja, aber was mich wirklich gerettet hat, war die Kreativität, auf verschiedenen Gebieten. Für mich ist das gar kein Unterschied, ob ich dieses oder jenes mache, es kommt alles aus einer Quelle, das Musizieren, das Dichten, das Malen. Ich habe Geige gespielt, habe mich ans Klavier gesetzt, habe komponiert oder gezeichnet. Später habe ich mich aus Krisen herausgezeichnet.

Das kreative Schaffen als Therapie, als Selbstheilung, als Selbstfindung?
Als Therapie und als Quelle der Freude. Die Kreativität hat mich zum einen vor den schwarzen Löchern gerettet. Zum Beispiel wenn ich Abschied nehmen musste – das Thema spielt für mich eine große Rolle. Der Tod selbst hat keine große Bedeutung, aber dass man Freunde verliert, mit denen man so weit durchs Leben gegangen ist, das ist ein Verlust, es wird leer um einen herum. Zum anderen hat Kreativität mich von diesen Fesseln befreit, die einem das tägliche Leben auferlegt: angenehm sein zu müssen, zu lügen, um weiterzukommen, um als Schauspieler besetzt zu werden – ich brauche das nicht mehr.

Herr Mueller-Stahl, Sie haben so vieles erlebt und erreicht. Gibt es etwas, von dem Sie sagen, das würde ich gerne noch tun?
Das mache ich gerade, ich habe eine CD mit Liedern, die ich vor 45 Jahren geschrieben habe, herausgebracht. Wissen Sie, ich bin letztens gefragt worden: Was machen Sie denn, wenn Sie achtzig sind? Da habe ich gesagt: Dann beschäftige ich mich mit meiner Zukunft.

➤ **ARMIN MUELLER-STAHL**
1930 in Tisit geboren, begann seine Schauspielkarriere in der DDR. 1980 durfte er in die Bundesrepublik ausreisen. Ende der 80er schaffte er den Sprung nach Hollywood. 2010 erschien seine Musik-CD »Es gibt Tage ...«, 2011 erhielt er die Goldene Kamera für sein Lebenswerk.

JOHN NEUMEIER
»Man muss Sympathie für den Körper haben«

DER CHOREOGRAF JOHN NEUMEIER HAT MIT FÜNFUNDSECHZIG NOCH SELBST BALLETT GETANZT. DIE KRAFT DAFÜR GAB IHM DIE ATMOSPHÄRE IM PROBERAUM.

4. Juli 2012
Das Gespräch führte Herlinde Koelbl
Foto von Herlinde Koelbl

Herr Neumeier, an der Marquette-Universität in Milwaukee hat Pater John Walsh Ihnen geraten, Tänzer zu werden. Was hat er in Ihnen gesehen?
Das ist schwer zu sagen. Mir selbst war lange nicht klar, in welche Richtung ich gehen sollte. Ich hatte eine Begabung als Maler, habe in einer Laientheatergruppe gespielt und getanzt. An der Universität landete ich bei Father John Walsh im Tanzunterricht. Er hat mich an der Stange gesehen und war wohl ziemlich beeindruckt. Manchmal ist es im Leben so, dass man unterschwellig etwas weiß, aber Angst vor dem Unbekannten hat. Dann braucht man einen anderen Menschen, der einem sagt: »Schau mal, da ist die Tür, geh durch, das ist deine Richtung, das ist das, was du eigentlich machen müsstest.« Für mich war das Father Walsh.

Father Walsh war ja Jesuit. Hat Sie das auch geprägt?
Sicher. Er war ein Mann, der seinen Glauben gelebt hat. Durch seine tiefe Menschlichkeit strahlte er eine Art Licht aus. Er war nie missionarisch, keiner, der mit erhobenem Zeigefinger gesprochen hat.

Also ist der Glaube wichtig für Sie?
Ich wurde katholisch erzogen und gehe sonntags in die Messe. Und Father Walshs Einfluss als Jesuit lehrte mich die intellektuelle Auseinandersetzung. Es wurde für mich selbstverständlich, diese Dinge dann auch körperlich und choreografisch auszudrücken. Die Begegnung mit ihm war für mich ein wichtiger Wendepunkt.

Sie haben die *Matthäus-Passion* von Bach und das *Requiem* von Mozart choreografiert.
Ich bin Christ und Tänzer, da ist für mich die Auseinandersetzung mit Religion selbstverständlich. Es ist Aufgabe der Kunst – auch der Tanzkunst –, metaphysische Inhalte zu vermitteln. Deswegen habe ich diese Werke gemacht. Wissen Sie, man sucht nicht nach einer Musik, sondern sie kommt auf einen zu.

Auch Gustav Mahler kam auf Sie zu. Sie sind einer der wenigen Choreografen, die sich so mit dem Tod beschäftigen.
Ich bin ein Arbeiter, ich schaue nicht rechts und links, was die anderen machen. Aber die tiefe Spiritualität dieses Komponisten hat etwas in mir geweckt. 1971 habe ich das erste Mahler-Werk choreografiert. Mahler ist ein Komponist, der Musik benutzt, um uns eine Brücke zu bauen in etwas Metaphysisches, in etwas, das in unserer Fantasie lebt, in unserer Wunschvorstellung. Auch Tanz schlägt diese Brücke. Er nutzt den menschlichen Körper als Instrument, also etwas aus Fleisch und Blut, das sich in eine Art übermenschliche Dimension begibt. Diese Musik ist perfekt für Tanz, weil sie zwei Welten verbindet.

Als Choreograf arrangieren Sie die »Instrumente«.
Tänzer sind Menschen, und Menschen sind unterschiedlich. Erst einmal sehe ich mir an, was sie anbieten. Ich gehe in jede Vorstellung, in jede Probe, wenn ich kann. Ich schaue jedes Stück an, als ob ich es noch nie zuvor gesehen hätte. Und höre auf meine Reaktion. Wichtig ist, dass das, was sie tanzen, ehrlich ist. Wenn es prätentiös ist, sage ich einfach: »Das glaube ich nicht.« Nur so kann ich mit meinem menschlichen Orchester arbeiten.

Hat Ihnen Ihr Instrument, Ihr Körper, immer gehorcht?
Nicht immer. Ich hatte ein Meniskusproblem im Knie, das operiert werden musste. Die Ärzte meinten, in drei Wochen wäre ich wieder fit. Natürlich war das Knie viel länger geschwollen, und ich wachte ungeduldig nachts auf und war böse auf meinen Körper. Ich glaube, gerade deshalb hat es besonders lange gedauert. Ich habe gelernt, dass man Sympathie für den Körper haben, ihm Zeit geben muss. Als ich dann am zweiten Knie auch Meniskusprobleme bekam, ging ich sehr viel verständnisvoller mit meinem Körper um. Prompt war der Genesungsprozess viel kürzer. Und ich konnte mit fünfundsechzig Jahren noch den Christus in der *Matthäus-Passion* tanzen.

Sie mussten als Ballettdirektor auch oft mit der Hamburger Kulturbehörde pokern, um Ihre Ziele zu erreichen. Was hat Sie da gerettet?
Meine Philosophie ist, dass ich dem Tanz diene, dass ich an dem Ort sein muss, wo ich am meisten für diese Kunst bewirken kann. Demzufolge brauchte ich eine Company, mit der ich meine Visionen und Ideen realisieren konnte. Dieses Ensemble ist wie ein Fluss, der immer gleich bleibt, auch wenn er sich ständig erneuert. Und immer, wenn ich mich schwach fühlte oder dachte: »Einfach weg«, bin ich zu den Tänzern gegangen, und die gaben mir unbewusst eine große Stärke. Insofern ist mein Lieblingsort, meine Heimat, der Probensaal.

➤ **JOHN NEUMEIER**
geb. 1939 in Milwaukee, Wisconsin, erhielt den ersten Ballettunterricht in seiner Heimatstadt, später in Kopenhagen und an der Royal Ballet School in London. Über Stuttgart und Frankfurt kam er 1973 nach Hamburg. Unter seiner Direktion wurde das Hamburg Ballett zu einer der führenden deutschen Ballettkompanien. John Neumeier erhielt zahlreiche Auszeichnungen und Ehrungen, darunter 2006 den Prix Nijinsky für sein Lebenswerk und 2007 die Ehrenbürgerschaft der Freien und Hansestadt Hamburg. 2010 erschien bei Edel seine Bildbiografie *John Neumeier. Bilder eines Lebens.*

HERMANN NITSCH
»Ich bin Wiener und habe getrunken«
➡

DER KÜNSTLER HERMANN NITSCH ÜBER DEN UNFALLTOD SEINER FRAU UND DIE GEFAHREN DER VERDRÄNGUNG

9. Oktober 2011
Das Gespräch führte Herlinde Koelbl
Foto von Herlinde Koelbl

Herr Nitsch, Sie deuten das Leben als Passion: Leidenschaft und Leidensweg zugleich. Welches war der große Schmerz in Ihrem Leben?
Das war der Tod meiner Frau Beate. Fast zehn Jahre waren wir verheiratet, sie war nur einen Tag jünger als ich, bei ihr habe ich mich geborgen gefühlt. 1977 ist sie bei einem Verkehrsunfall gestorben, plötzlich war ich nur noch eine Hälfte.

Was hat Sie aus diesem Schmerz gerettet?
Ich bin Wiener, noch dazu aus dem Weinviertel, und habe immer gerne getrunken. Nach dem Unfall noch viel mehr, aber ich hatte nie Kater – mein Körper, mein psychophysischer Organismus hat das zum Überleben gebraucht. Es hat mich gerettet.

War Ihnen der Alkohol auch in anderen Nöten eine Hilfe?
Schon in meiner Jugend. Durch die sehr bürgerliche, liebevolle Erziehung meiner Mutter quälte mich schon als Fünfzehnjähriger eine Herzneurose, also die Angst, dass mein Herz versagt. Ich war ein ruhiges, verweigerndes Kind, habe tiefenpsychologische Literatur studiert. Und mit einer selbst entworfenen Alkoholtherapie konnte ich mich vom ärgsten Zwang dieser Neurose befreien.

Sie haben gezielt Ihren Geist beeinflusst?
Mit fünfzehn habe ich zum ersten Mal empfunden, was mir der Alkohol vermitteln kann: Unterhalb der Schule war ein Gasthaus, da tranken wir immer einen halben Liter dunkles Bier mit einem Achtel Stroh-Rum. Im Regal sah ich schöne Flaschen – und plötzlich habe ich die Existenz dieser Flaschen gespürt. Ich spürte, es gibt sie, es gibt überhaupt Dinge. Etwas ist. Durch diesen Rausch habe ich mein Sein erfahren. Das ist mir bis heute die große Faszination, dass etwas ist und nicht nichts ist.

Sind Sie durch diesen Rausch auch zur Kunst gelangt?
Das nicht, aber zu dieser Zeit habe ich im Oberen Belvedere zum ersten Mal Schiele-Bilder gesehen. Mich faszinierte, dass es Bereiche der Liebe und der Sexualität gibt, von denen ich keine Ahnung hatte. Als mich dann die Graphische Lehr- und Versuchsanstalt in Wien aufnahm, hat das mein ganzes Leben verändert. Ich habe die alten Meister gesehen, Tizian, Rembrandt, El Greco, für mich ist durch die Kunst ein Tor aufgegangen. Nach dem Tod meiner Frau half mir die Kunst, langsam wieder zu mir zu kommen, und später der Beistand meiner jetzigen Frau. Mich hat aufgebaut, dass meine Arbeit permanent Widerstände auslöste: Das zeigte mir, ich habe einen Nerv getroffen.

Mit Ihren blutigen Aktionen waren Sie verfemt. Heute sieht man Sie in Museen und am Burgtheater. Sind Sie angekommen?
Es gibt kein Ankommen. »Der Weg ist das Ziel« ist ein wunderbarer Spruch. Das Ziel ist ein ewiges Sich-Wiedergebären in Raum und Ewigkeit und Unendlichkeit.

Sind darum Tod und Auferstehung Ihre Leitthemen?
Die ganze Tier- und Pflanzenwelt ist eine Wiederkehr. Nietzsche hat geschrieben, er sei schon mal alles gewesen: Er war Cäsar, er war Cosima Wagner, er war in allen Dingen und wird in allen Dingen sein. Ich glaube auch, dass ich in meinem Leben alles schon war und alles auch mal sein werde, was es je gibt.

Aber was fasziniert Sie so an Blut, Kot und Eingeweiden? Ihre Mysterienspiele lösen bei vielen Ekel und Abscheu aus.
Mir geht es um ein intensives sinnliches Erleben. Unsere Zivilisation und die Religion wollen verdrängen. Es wird geleugnet, dass wir tote Tiere essen, das wird hygienisch und ästhetisch verpackt. Aber Verdrängung führt zu Neurosen: Unsere Gesellschaft ist ja voll Sensationslust, bei Unfällen, bei Kriminalfilmen. Da ist ein Bedürfnis nach Hass, Gewalt, Krieg. Die Menschheit wünscht sich den Exzess als Abreaktion herbei, bewusst oder unbewusst. Dem versuche ich am Theater eine Möglichkeit zu geben, sodass das Publikum eine Art Daseinsrausch erfahren kann.

Sie selbst auch?
Ich muss viel und intensiv genießen, ich möchte innig und herzlich und wollüstig hier sein. Exzess muss ja nicht mit Beischlaf oder dem Zerreißen von Fleisch zu tun haben, auch die Seerosen von Monet sind ein Exzess. Oder Bruckners *Achte:* Wenn man da seine Ohren öffnet und dem Eindruck so hingegeben ist, dass man es als Exzess wahrnimmt, das kann man fast mit einem Orgasmus vergleichen, mit sich wälzenden Frauen oder Knaben oder was weiß ich.

Sie haben in Gedärmen gewühlt, Blut verspritzt. Gibt es etwas, was sie ekelt?
Ja. Wenn sonntags die Autobahnen voll sind mit Urlaubern oder wenn Fußballweltmeisterschaft ist und die Leute nichts anderes im Hirn haben als Sport: Davor ekelt mir.

➤ **HERMANN NITSCH**
geb. 1938, ist berühmt für seine Kunstaktionen mit ausgeweideten Tierkadavern, Exkrementen und literweise Blut. Seit den fünfziger Jahren ist es sein Ziel, mit starken Sinneseindrücken und psychischen Extremerfahrungen Verdrängtes wieder hervorzuholen. Einst sehr umstritten, hat sich der gebürtige Wiener mittlerweile im Kunstbetrieb etabliert.

CHRISTINE NÖSTLINGER
»Manchmal muss man eben in Therapie gehen«

➡

DIE KINDERBUCHAUTORIN CHRISTINE NÖSTLINGER ÜBER DEN TOD IHRES MANNES UND IHRE KREBSERKRANKUNGEN

9. November 2011
Das Gespräch führte Herlinde Koelbl
Foto von Herlinde Koelbl

Frau Nöstlinger, Ihre Kinderbuchfiguren sind starke Persönlichkeiten. Auch Sie selbst wollten sich nicht erziehen lassen ...
Ja, dagegen hatte ich einen inneren Widerstand. Aber meine Eltern haben mir das auch sehr leicht gemacht: Ich konnte so frech sein, wie ich wollte, ich wusste, mir passiert nichts. Wäre ich so behandelt worden wie damals üblich, mit Ohrfeigen und Prügeln – ich glaube nicht, dass ich dann Widerstand geleistet hätte. Denn im Grunde kam ich mir schwach und hilflos vor.

Fühlten Sie sich als Außenseiter?
Das überhaupt nicht. Ich war eher ein Leadertyp und nicht sehr nett zu Außenseitern. Den Ausdruck »Mobbing« gab es damals noch nicht, aber ich habe gern über andere gespottet oder bissige Bemerkungen gemacht. Vielleicht wende ich mich deshalb in meinen Büchern gern Außenseitern zu. Außerdem sind sie einfach interessanter zu beschreiben.

War der Spott über andere ein Weg, mit Ihrer Schwäche umzugehen?
Das ist heute noch meine Art, mich zur Wehr zu setzen. Ich kann bitterböse und zynisch sein. Andere mit wohlgeratenen bösen Bemer-

kungen zu verletzen, ich fürchte, das liegt mir. Eigentlich habe ich vor Auseinandersetzungen eine große Scheu. Früher bekam ich riesiges Herzklopfen dabei – aber wirkte nach außen nicht so. Ich habe mir antrainiert, völlig cool zu wirken und nicht zu zeigen, wie es innen ausschaut.

Sie wollten immer robust wirken ...
... während ich es in Wahrheit absolut nicht bin. Aber so komme ich mit dem Leben besser zurecht. Selbst wenn ich mich hilflos fühle, will ich nicht getröstet werden. Das ist ein gewisser Stolz. Ich sage es auch nicht, wenn es mir schlecht geht. Darum glauben viele, ich hätte meine zwei Krebserkrankungen weggesteckt wie nichts. Erst den Brustkrebs, dann letztes Jahr den Gebärmutterkrebs.

Wenn Sie nicht getröstet werden wollen und als Atheistin auch in keiner Religion Trost suchen: Wo finden Sie in Krisen überhaupt Halt?
Manchmal muss man eben ein bisschen in Therapie gehen. Als mein Mann einen Schlaganfall hatte, zweieinhalb Jahre bewegungslos im Krankenhaus lag und kein Wort reden konnte, habe ich das zwar durchgehalten. Aber als er starb, ging es mir sehr schlecht. Ich wurde nicht damit fertig, dass ich mir seinen Tod gewünscht hatte. Das ist etwas ganz Schweres. Und dann ging ich halt zu einer Dame, die das gelernt hat, und schluckte ein paar Pillen, die mir sehr halfen.

Sie sagten einmal, Lachen sei das Beste, um gruselige Dinge auszuhalten.
Ich habe mich oft gewundert, dass ich in manchen Situationen tatsächlich noch lachen kann. Das geht sogar im Bombenkeller, fast alles hat ja eine komische Seite. Aber natürlich kann ich nicht über alles lachen, über meine Krankheit etwa oder die meines Mannes. Andererseits ist es völlig unmöglich, drei Jahre lang gar nicht zu lachen. Man kann ja gleichzeitig traurig sein.

In welcher Lebensphase fiel Ihnen das Lachen besonders schwer?
Mit knapp dreißig hatte ich zwei Kinder von zwei Vätern und saß zu

Hause wie in einer Falle: Ich hatte mich nie als Mutter und Hausfrau entworfen, ich empfand es als schrecklich, keinen Beruf zu haben. Aber ohne Kindergartenplatz konnte ich nicht arbeiten – und ohne Arbeit bekam man keinen Kindergartenplatz. Rückblickend muss ich wohl sagen: Ich war depressiv. Ich habe zum Beispiel lauter runde Fleckerln gehäkelt und dann weggeworfen.

Wie fanden Sie aus dieser Depression heraus?
Irgendwann habe ich mich aufgerafft und überlegt, wie ich daheim Geld verdienen kann. Zeichnen hatte ich gelernt, also probierte ich halt ein Bilderbuch. Ich erfand noch eine Geschichte dazu und schickte es einem Verlag. Und der dortige Lektor hat es genommen! Das war meine Rettung, die wichtigste in meinem Leben. Ein zweites Mal hätte ich es nie versucht. Als das Buch erschien, »Die feuerrote Friederike«, bekam es in Deutschland einen Preis – aber nicht für die Bilder, sondern für die Geschichte. Ich war euphorisch, den Zipfel von irgendetwas erwischt zu haben, und dachte: Okay, wenn die meinen, dass ich schreiben kann, dann tue ich das. Nach dem zweiten Buch wurde es ein Beruf.

Sie haben in Ihren Büchern keine heile Kinderwelt geschildert, sondern Dinge wie Eheprobleme und Scheidung.
Natürlich, Kinder leben ja auf derselben Welt wie die Erwachsenen. Ich habe mich erinnert, wie meine Kinderwut ausgeschaut hat, meine Kindertrauer, meine Kinderfreude, und das habe ich halt hingeschrieben. Ich wäre überhaupt nicht auf die Idee gekommen, die Welt für Kinder heil darzustellen. Da hätte ich ja lügen müssen.

➤ **CHRISTINE NÖSTLINGER**
geb. 1936, ist eine der bekanntesten Kinder- und Jugendbuchautorinnen. Die Wienerin, die ursprünglich Malerin werden wollte, erfand Figuren wie Gretchen Sackmeier, den Gurkenkönig und Rosa Riedl, das Schutzgespenst. 2011 erhielt sie den Internationalen Buchpreis Corine für ihr Lebenswerk sowie das Große Ehrenzeichen für Verdienste um die Republik Österreich.

KENZABURŌ ŌE
»Ohne den Schmerz hätte ich nicht geschrieben«

KENZABURŌ ŌE ÜBER SEINEN GEISTIG BEHINDERTEN SOHN, DEN ER BIS HEUTE PFLEGT

19. August 2010
Das Gespräch führte Herlinde Koelbl
Foto von Herlinde Koelbl

Herr Ōe, haben Sie jemals eine negative Erfahrung gemacht, aus der Sie gerettet werden mussten?
Ich glaube, dass alle Erfahrungen einen gewissen Wert haben und deshalb nicht negativ sind. Auch mit einem tragischen Vorfall lernen wir zu leben, wir wachsen damit und drehen das in etwas Positives. Für mich war so ein tragisches Ereignis die Geburt meines Sohnes. Ich war damals neunundzwanzig. Meine Frau lag im Krankenhaus, um unseren Sohn zu gebären. Dann erhielt ich einen Anruf vom leitenden Arzt: Das Kind habe eine schwerwiegende Behinderung. Es war das gravierendste Erlebnis in meinem Leben.

Wie sind Sie mit dieser Nachricht umgegangen?
Ich bin mit dem Fahrrad hingefahren. Das Krankhaus ist etwa einen Kilometer entfernt, und in den fünf Minuten, die ich unterwegs war, habe ich mich entschieden, das Kind anzunehmen. Der Arzt sagte zu mir: Wollen Sie die Sache sehen? Und ich antwortete: Ja, ich will das Ding sehen. Zu diesem Zeitpunkt wusste ich bereits, dass ich alles, was mein Leben betrifft, in die Waagschale legen würde für dieses »Ding«. Das war die größte Entscheidung meines Lebens.

Auch in Ihrem Roman *Eine persönliche Erfahrung* entscheidet sich der Protagonist, mit einem behinderten Kind zu leben. Er ist jedoch voller Zweifel und findet erst nach einem langen Prozess Klarheit für sich.
Hätte ich mein Leben eins zu eins auf diesen Roman projiziert, wäre er nur drei Zeilen lang geworden. Ich habe mich wirklich in diesem einen Moment entschieden. Und wenn ich meinen Sohn heute Nacht auf die Toilette führe, werde ich damit zufrieden sein und mich an diesen Moment erinnern. Erst als ich dieses Buch schrieb, ist mir der Gedanke gekommen, dass man auch Bedenken haben kann.

Was hilft Ihnen, das alles zu ertragen?
»Ertragen« ist ein Wort, das ich sehr schätze. Denn es herrscht jeden Tag Chaos. Mein Sohn ist jetzt sechsundvierzig Jahre alt. Lange fiel ihm das Gehen schwer. Vor einem halben Jahr ist er gestürzt und hat sich eine Rippe gebrochen. Diese Probleme existieren seit seiner Geburt, und meine Frau und ich haben jeden Tag zu kämpfen. Aber meine Entscheidung von damals hilft mir, es zu ertragen. Menschen, die sich entschließen, mit diesem Chaos zu leben, haben die Fähigkeit, solche Dinge zu ertragen. Aus ihrem Entschluss erwächst diese Fähigkeit. Und ich möchte gerade stehen.»Gerade stehen« ist ebenfalls ein Begriff, der sehr wichtig für mich ist. Mein Vater, der Faschist war, hat sich nach dem Krieg ertränkt. Er ist einer, der eingebrochen ist. Ich dagegen will gerade stehen, um meinem Sohn Sicherheit zu geben. Als ich sechs war, habe ich mich oft im Wald in einem hohlen Baum versteckt. Nur darin habe ich mich wirklich geborgen gefühlt, wie in einer Gebärmutter. Diese Geborgenheit will ich auch meinem Sohn geben. Ich darf mir nicht erlauben, einzubrechen.

Woher nehmen Sie die Kraft zum Geradestehen?
Ich ziehe meine Kraft aus meinem Sohn. Auch er steht trotz seiner schweren Behinderung, einer Gehirnhernie, gerade. Er heißt Hikari: Licht. Zuerst sagten die Ärzte, er könne nicht sehen. Aber dann wurde es Licht für ihn, und deshalb wählte ich diesen Namen. Eines Tages fing er an, sich für Musik zu interessieren. Mein Sohn ist unglaublich, er kennt jedes Werk von Mozart und Bach und weiß zu jedem

die Werkverzeichnisnummer. Und er hat auch die Fähigkeit entwickelt, selbst zu komponieren.

Hat Ihr Sohn vielleicht Ihr Leben gerettet, indem Sie sich durch ihn besser entwickelt haben?
Er hat mich auf jeden Fall geprägt. Die Probleme, die ich bewältigen musste, haben mich zu dem Menschen gemacht, der ich jetzt bin. Wenn ich diese Schmerzen, diese Traurigkeit nicht hätte, dann hätte ich mich nicht so stark für Literatur interessiert. Und ich hätte auch nicht so erfolgreiche Bücher schreiben können. Ich glaube nicht, dass ich überhaupt Bücher geschrieben hätte.

Hat Ihnen das Schreiben geholfen, das alles zu verarbeiten?
Im Schreiben habe ich versucht, das Vorgefallene zu verstehen. Und ohne die Erkenntnisse, die ich dadurch immer wieder gewinne, wäre ich vielleicht schon längst eingebrochen. In gewisser Weise ist das Schreiben also meine Rettung. Es hat mir geholfen, mich selbst zu erkennen. Indem ich mit diesen Problemen fertiggeworden bin und mich ihnen im Schreiben gestellt habe, habe ich mich selbst gefunden.

KENZABURŌ ŌE
geb. 1935, ist einer der wichtigsten japanischen Schriftsteller der Gegenwart. Zu seinem Werk gehören sehr persönliche, halb autobiografische Romane wie *Eine persönliche Erfahrung*, in dem es um über einen Mann mit einem behinderten Sohn geht. 1994 erhielt er den Nobelpreis für Literatur.

THOMAS QUASTHOFF
»Mein Chef nahm alles auf seine Kappe«

THOMAS QUASTHOFF ÜBER DEN ENTSCHEIDENDEN MOMENT SEINER KARRIERE

16. September 2010
Das Gespräch führte Ijoma Mangold
Foto von Harald Hoffmann

Herr Quasthoff, bevor Sie als Sänger berühmt wurden, waren Sie Radiosprecher beim NDR. Gibt es eine Verbindung zwischen den Berufen?
Ja, ich hatte schon immer eine Affinität zu besonderen Stimmen. Und zwar nicht nur zu großen Sängern, auch zu alten Schauspielern wie Heinrich George oder Emil Jannings. Durch meine sehr eigene Geschichte war mein Werdegang stark auf dieses auditive Moment festgelegt.

Haben Sie schon früh angefangen zu singen?
Das ist eine meiner frühesten Erinnerungen: Wir hatten so eine Musiktruhe zu Hause, die mehrere Singles hintereinander wegspielte. Ging meine Mutter zum Einkaufen, konnte ich diese Lieder singen, bis sie wiederkam.

War bei Ihnen das Singen eine Art Ausweg aus Ihrer Behinderung?
Ach, die Leute denken immer, Behinderung heiße auch schwere Krise. Aber bis zu einem gewissen Alter ist es schlicht und einfach nur ein Faktum, das man gar nicht weiter überblickt. Ich musste in der Familie schon als Vierjähriger singen, wenn Gäste kamen. Ich wurde

nie sonderbehandelt, habe genauso – damals war das ja noch üblich – einen hinter die Löffel gekriegt, wenn meine Verhaltensstrukturen den elterlichen Maßstäben nicht ganz entsprachen, was ziemlich oft der Fall war. Insofern bin ich nicht wie ein typisches behindertes Kind groß geworden. Erst als ich in einem Internat für körperlich und geistig Behinderte war, wurde ich mit viel Elend konfrontiert, das bei einem normalen Kind gar nicht auf dem Bildschirm auftaucht.

Sind das Erfahrungen, die in Ihre Interpretation von Musik einfließen?
Ich habe oft darüber nachgedacht. Vielleicht hat es mich in mancher Hinsicht sensibilisiert. Vielleicht hat es eine emotionale Ebene geschaffen, die der Musik zuträglich ist. Vielleicht ist es auch dieses Moment, was letztendlich darüber entscheidet, ob man bei einem Vortrag die Menschen trifft oder nicht. Ich habe schon Liederabende erlebt, wo eineinhalb Stunden eine Stimmschönheit präsentiert wurde, aber ich saß da und dachte mir: Mädel, was willst du mir jetzt damit sagen, außer dass du sechs Jahre lang deine Stimme schön ausgebildet und keinerlei technische Probleme hast?

Hat das etwas mit Lebenserfahrung zutun?
Schon. Es hat aber auch, Entschuldigung, etwas mit Intelligenz zu tun und lnterpretationsansatz. Es gibt Kollegen, denen geht es primär ums Legato. Das ist legitim, aber wenn ich den Text nicht mehr verstehe, brauche ich auch keine Liedplatte aufzunehmen, finde ich.

Gab es einen Moment in Ihrem Leben, wo Sie in einer Krise gerettet werden mussten?
Ich würde sagen, der ARD-Musikwettbewerb 1988 war schon so etwas wie eine Initialzündung und hat eine Wende ausgelöst. Ich hatte damals gerade fest angefangen als Sprecher beim Norddeutschen Rundfunk. Und wie das bei jeder neuen Stelle ist, haben Sie erst einmal ein halbes Jahr Urlaubssperre. Zum Glück hatte ich einen tollen Chef, der sagte: Ich nehme das auf meine Kappe. Ich bin davon ausgegangen, nach drei Tagen wieder zurück zu sein. Aber dann musste

ich immer wieder bei meinem Chef anrufen und sagen: Sorry, ich bin in der nächsten Runde. So was plant man ja nicht. Dass es dann der erste Preis wurde, war natürlich umwerfend. Ich habe ein gutes halbes Jahr gebraucht, um zu verstehen, was mit diesem Preis wirklich verknüpft ist.

Wandelt sich mit den Jahren die Art, wie Sie sich der Musik nähern?
Man wird ruhiger im Alter. Man kann sich selber sehr reduzieren und doch ausdrucksstark bleiben. Das gilt gerade für den Liedgesang: Man muss nicht mehr groß Theater machen und falsches Pathos in irgendwelche Phrasen legen, wo es nicht hingehört. Man lernt im Alter, sich mehr zu vertrauen und nicht eine aufgesetzte Geste rauszuhauen. Was ich früher öfter hatte, natürlich auch, um meine Behinderung zu kompensieren: immer überall den Clown zu machen, immer vorneweg zu gehen. In der Schule bin ich damals meinen Mitschülern gewiss sehr auf die Nerven gegangen. Die kriegten alle eine Freundin, ich nicht. Was hat man gemacht? Den Kaspar, logisch. Heute brauche ich die große Bühne nicht mehr.

Aber die große Bühne einmal erobert zu haben, ist schon auch faszinierend?
Hören Sie mal, wenn Sie mit einer hundertprozentigen Körperbehinderung in einen Beruf gehen, der sehr viel mit äußerer Ästhetik zu tun hat, und plötzlich werden Sie international gefeiert – natürlich macht das Spaß. Ich würde Ihnen die Hucke volllügen, wenn ich etwas anderes sagte.

➦ **THOMAS QUASTHOFF**
geb. 1959 in Hildesheim, ist einer der bekanntesten deutschen Sänger. Als Opfer des Medikaments Contergan leidet er seit seiner Geburt unter einer körperlichen Behinderung. Quasthoff hat nicht nur klassische Lieder aufgenommen – auf seiner 2010 erschienenen CD *Tell it like it is* singt er Jazznummern.

EDZARD REUTER
»Meine Mutter vermittelte mir: Ertrag das«

EDZARD REUTER ÜBER DEMÜTIGUNGEN ALS KIND UND ALS GESCHEITERTER DAIMLER-CHEF

29. Juli 2010
Das Gespräch führte Ijoma Mangold
Foto von Stefan Nimmesgern

Herr Reuter, Sie waren als Manager bei Daimler-Benz über Jahrzehnte Teil der sogenannten Deutschland AG. War das ein sehr homogenes Milieu?
Ja, ganz und gar. Die Führungsschichten der Wirtschaft rekrutieren sich immer selber.

Warum tun sie das?
Man greift lieber auf denjenigen zu, von dem man meint, sicher sein zu können, dass er so ist wie man selber. Da weiß man, der fällt nicht aus der Rolle und schlägt keine krummen Wege ein. Das einzige Ausnahmebeispiel damals war Hanns Martin Schleyer, er gehörte nicht dazu. Der war im Prinzip ein Nazifunktionär, der schrittweise in diese Gesellschaft hineinkam, aber zum Beispiel im Unterschied zu den klassischen Ruhrbaronen ein ausgesprochen liberales Verhältnis zu den Gewerkschaften hatte. Er hatte kapiert, dass man nicht gegen die Belegschaft eines Unternehmens erfolgreich sein kann. Wo die Wurzeln dafür lagen, weiß ich nicht, vielleicht in der volksgemeinschaftlichen Prägung durch den Nationalsozialismus.

Sie wurden noch in der Weimarer Republik geboren, sind während des »Dritten Reichs« mit Ihrer Familie nach Istanbul emi-

griert und haben Ihre beruflichen Erfolge in der Bundesrepublik gehabt. **Gab es in diesem bewegten Leben Situationen, in denen Sie gerettet werden mussten?**
Natürlich gibt es in jedem Leben Situationen, wo man sich verdammt beschissen und allein fühlt und wo es dann durchaus eine Rettung bedeuten kann, dass einem jemand hilft. Das hat es bei mir auch gegeben.

An welche Situation denken Sie als Erstes?
Ich wurde 1934 in Magdeburg eingeschult, wo mein Vater Oberbürgermeister gewesen war. Zu dem Zeitpunkt war er schon abgesetzt und ins KZ verbracht worden. Ich ging damals voller Euphorie mit der Schultüte unter dem Arm in die Schule. Dort wurde ich jedoch von einem sehr eisigen Klassenlehrer empfangen. Der teilte mir sogleich einen Sitzplatz in der letzten Reihe zu, direkt unter dem Bild von Adolf Hitler. Ich wusste natürlich, dass unser familiäres Unglück mit Hitler zu tun hatte. Am nächsten Tag verpasste mir dieser Lehrer Nachsitzen. Für nichts und wieder nichts. Das war für mich eine furchtbare Demütigung. Der Lehrer war ein strammer Nazi und ließ mich spüren, was er von meiner Familie hielt. Ich bin heulend nach Hause gekommen und habe das meiner Mutter erzählt. Und da hat sie mir etwas vermittelt, was ich in meinem weiteren Leben immer wieder bei meinen Eltern beobachten konnte: in Situationen der Verzweiflung und Hoffnungslosigkeit davon überzeugt zu bleiben, dass man nichts Falsches getan hat, dass man sich bemüht hat, das Richtige zu tun, und dass die Zeit das erweisen wird. Also trag das, ertrag das. Das ist eine wesentliche Lehre gewesen, die sehr mit dem politischen Schicksal meiner Eltern zusammenhing. Sich nicht in Selbstjammer fallen zu lassen, sondern das Schicksal anzunehmen.

Hat Ihnen diese Kindheitslektion geholfen, als Sie 1995 Daimler verließen und man Sie allgemein für gescheitert erklärte?
Die Reaktionen, die nach meinem Ausscheiden aus dem Unternehmen kamen, sind eine schwere, böse Demütigung gewesen, die zu ertragen war.

Mussten Sie sich damals einen Ruck geben, wieder unter Leute zu gehen?
Ich musste mir keinen Ruck geben, aber wenn ich irgendwo hinging, wusste ich, was die anderen über mich dachten. Und da musste ich zu mir selber sagen: Solange du dir im Spiegel ins Gesicht schauen kannst, gibt es gar keinen Grund, vor anderen zurückzuschrecken. Aber um das auszuhalten, braucht es schon gewisse innere Überzeugungen.

Haben Sie mit der Trennung von Daimler auch viele Menschen verloren, die Sie vorher als Freunde betrachtet hatten?
Ja, das ist so gewesen. Diese Kränkungen sind von Menschen ausgegangen, die ich vorher als meine Freunde angesehen hatte.

Kann es in einer Spitzenposition überhaupt echtes Vertrauen geben?
Über dieses Problem habe ich viel nachgedacht, aber keine Lösung dafür gefunden. Ich habe das natürlich rational immer gewusst. Ich habe daraus aber nicht die Schlussfolgerung gezogen, jeden Einzelnen, mit dem ich zusammengearbeitet habe, als Speichellecker einzuordnen. Ich habe trotzdem versucht, denen Vertrauen zu schenken.

Haben Sie die Kränkung verwunden?
Ja, ich könnte gar nicht leben, wenn ich ständig haderte. Wohl kann ich Leute verachten, aber nicht hassen.

EDZARD REUTER
geb. 1928, Sohn von Ernst Reuter, in den fünfziger Jahren Regierender Bürgermeister von Berlin, war von 1987 bis 1995 Vorstandsvorsitzender von Daimler Benz. Er scheiterte mit dem Versuch, aus dem Automobilbauer einen weltweit operierenden Technologiekonzern zu formen.

CHRISTIANE ZU SALM
»Die haben mir alle den Vogel gezeigt«

⇥

CHRISTIANE KOFLER ÜBER IHRE JAHRE ALS FIRMENCHEFIN UND DAS LERNEN DURCH NIEDERLAGEN

18. November 2010
Das Gespräch führte Ijoma Mangold
Foto von Stefan Nimmesgern

Frau Kofler, in dem Bild, das die Öffentlichkeit von Ihnen hat, sind Sie die erfolgreiche Karrierefrau. Sehen Sie sich selbst auch so?
Der eigene Maßstab ist immer relativ. Aber: Erfolg ist ein wunderbares, beflügelndes Gefühl. Er setzt Kräfte frei. Erfolg hat aber auch eine gefährliche Seite, weil er schmeichelt. Die Leute begegnen einem nicht mehr mit Wahrheiten, sondern mit Interessen. Wie sagte Keith Richards gerade: »Erfolg ist schlimmer als Drogen.« Insofern bin ich froh, nicht immer das bekommen zu haben, was ich wollte.

Sie bekamen nicht immer, was Sie wollten?
Natürlich. Die Außenwelt weiß das ja nicht.

Sie waren früh ganz oben, mit zweiunddreißig Jahren waren Sie Geschäftsführerin von MTV. Gab es Situationen, wo Sie Rettung brauchten?
Nicht in einem praktisch-konkreten Sinn, aber ich empfinde es als Rettung, dass ich an Grenzen gestoßen bin. Dass nicht immer alles so gelaufen ist, wie ich es mir vorgestellt habe. Das hat meinen Blick auf die Welt verändert. Wenn du nicht bekommst, was du dir in den

Kopf gesetzt hast, dann hat das auch damit zu tun, dass andere Nein zu dir sagen. Im Nachhinein zu erkennen, dass sich damit Türen geöffnet haben, auch zu anderen Menschen, empfinde ich als Rettung.

Dass es Grenzen gibt, war eine Erfahrung, die Sie im Berufsleben erst machen mussten?
Ja. Ich bin in dem Gefühl aufgewachsen – und vielleicht ist das eine Generationserfahrung –, dass man alles erreichen kann, wenn man es nur unbedingt will.

Diese Einstellung wurde Ihnen in die Wiege gelegt?
Sie hat gewiss mit dem Elternhaus zu tun. Bei uns wurde Leistung großgeschrieben.

Wann sind Sie das erste Mal an eine Grenze gestoßen?
In meiner Zeit als MTV-Chefin. Da dachte ich, die Mitarbeiter müssten mir folgen und das machen, was ich sage. Pustekuchen. Als ich mich vor die Mitarbeiter stellte und sagte: »Wir müssen VIVA schlagen, wir müssen wieder Nummer eins werden«, haben die alle den Kopf geschüttelt und mir einen Vogel gezeigt. Sie hielten sich für cool, das war den meisten wichtiger. Ich musste die Erfahrung machen, dass es nicht reicht, der Chef zu sein, sondern dass man eine Mannschaft gewinnen muss, um gewisse Ziele zu erreichen.

Und wie gewannen Sie die Mitarbeiter?
Indem ich ihnen zuhörte und herausfand, für welche Dinge sie entflammbar waren. Nur so kann man ein Team auf ein gemeinsames Ziel einschwören. Das haben wir dann geschafft, aber es war für mich eine Grenzerfahrung.

Ist es nicht schmerzhaft, wenn man an so eine Grenze stößt?
Absolut. Man verbeißt sich, man will etwas und mag nicht einsehen, warum einem das nicht gelingen sollte. Aber dann kommt die Phase, in der man lernt, dass man dankbar sein sollte, wenn das Leben plötzlich eine andere Richtung nimmt. Ich lernte Seiten und Fähigkeiten an mir selber kennen, die ich nicht kannte – die Dinge einfach ge-

schehen zu lassen, statt zu kämpfen. Das Schwierige ist nur, dieser Entwicklung zuzustimmen.

Man fürchtet, dass von außen nur Versagen wahrgenommen wird.
Ganz genau. Man muss lernen, damit zurechtzukommen, dass es so aussieht, als ginge es für einen nicht weiter. In einer Gesellschaft, in der sehr darauf geschaut wird, dass die Karriereleiter gerade verläuft, ist das nicht einfach. Aber es ist der beste reinigende Prozess für den eigenen Narzissmus.

Bei Burda sollten Sie sich unter anderem um Internet- und Handy-TV kümmern, aber Sie gingen schon nach einem Jahr. Da standen Sie doch ebenfalls als gescheitert da.
Bei Burda war ich schon so fortgeschritten, dass mir diese Außenwirkung nicht wichtig war, weil ich sicher war, das einzig Richtige zu tun. Wenn jemand denkt, das ist ein persönliches Scheitern, dann habe ich gar kein Bedürfnis, ihn eines Besseren zu belehren.

Wie erklären Sie sich, dass die Zusammenarbeit mit Burda nicht geklappt hat?
Ich konnte nicht so gestalten, wie ich das aus meiner Sicht hätte tun müssen, um erfolgreich zu sein. Wenn man die Voraussetzungen nicht hat, Erfolge abzuliefern, muss man Konsequenzen ziehen. Es lief anders, als wir beide es uns vorgestellt hatten.

War da auch ein Moment der Enttäuschung?
Sicher, klar. Aber auch Enttäuschung ist eine wertvolle Grenzerfahrung. Im Sinne des Wortes: Ent-Täuschung. Tolles Wort. Die Täuschung verfliegt.

➡ **CHRISTIANE ZU SALM**
geboren 1966 in Mainz, wurde 2008 Vorstandsmitglied der Hubert Burda Media, im selben Jahr zog sie sich jedoch wieder zurück. Salm ist mit dem Unternehmer Georg Kofler verheiratet. Heute kümmert sie sich um ihre Kunstsammlung und ihre zwei Kinder.

FERDINAND VON SCHIRACH
»Mein Beruf war eine Art Rettung«

➡

**FERDINAND VON SCHIRACH ÜBER
SEIN GEFÜHL, NICHT DAZUZUGEHÖREN**

25. März 2010
Das Gespräch führte Ijoma Mangold
Foto von Paul Schirnhofer

Herr von Schirach, als Strafverteidiger haben Sie Einblick in viele Lebensschicksale. Entdecken Sie in ihnen irgendeinen Sinn?
Einen Sinn des Lebens? Nein. Es soll in unserer Galaxie hundert Milliarden solcher Sonnensysteme wie unseres geben und wiederum hundert Milliarden solcher Galaxien. Und das soll nur zehn Prozent des Universums ausmachen, dazwischen ist es leer und kalt. Wenn Sie sich das nur zwei Sekunden lang vorstellen, ist alles, was wir tun, völlig unbedeutend. Und doch müssen wir mit dieser Kälte und Leere leben. Uns rettet die Kultur, sie trennt uns einzig vom Chaos.

Ein bisschen fröstelt es mich schon, wenn Sie so reden.
Ach, kommen Sie: Es gibt diesen wunderbaren Satz von Aristoteles, dass am Beginn aller Wissenschaft immer das Erstaunen steht, dass die Dinge sind, wie sie sind. Und die Dinge sind wirklich, wie sie sind. Sie können nichts daran ändern. Die richtige Haltung scheint mir deshalb ein verhaltenes Mittun zu sein.

Haben Sie ein pessimistisches Menschenbild?
Nein. Pessimistisch oder optimistisch – diese Begriffe würden ja voraussetzen, dass man etwas erwartet. Ich arbeite jetzt seit sechzehn

Jahren in der Strafjustiz, ich habe genügend Tote gesehen – ich erwarte nichts mehr. Ich bin zufrieden, wenn es irgendwie weitergeht. Wir leben ja in einer großartigen Zeit. Es gibt keinen Krieg in Europa, und wir können bei einem netten Italiener zu Mittag essen. Das ist schon mehr, als die meisten Generationen vor uns hatten. Es ist sehr viel.

Ich weiß nicht, ob mir das nicht doch zu wenig an Sinnstiftung ist.
Das Schöne ist – und vielleicht beruhigt Sie der Gedanke –, dass nichts verloren geht. Es spielt keine Rolle, wie sich die Atome zusammensetzen, aufs Ganze gesehen bleibt alles, wie es ist. Und es gibt noch einen anderen tröstlichen Gedanken: dass wir dazugehören. Wir gehören zur Gemeinschaft der Menschen.

Was hat Sie an dem Beruf des Strafverteidigers gereizt: die Fülle der Geschichten?
Die Geschichten sind wunderbar, ja, sie sind ein guter Grund für diesen Beruf. Aber eigentlich ist das jetzt die Frage nach der Rettung.

Wie meinen Sie das?
Mein Beruf war eine Art Rettung. Ich fühlte mich immer fremd. Zu Hause in der Familie und erst recht außerhalb. Als Kind habe ich selten bei Freunden übernachtet, weil ich glaubte, nicht dazuzugehören. Das hat mich lange begleitet. In Bayern nennt man das »fremdeln« – das bezeichnet es ganz gut. Ich habe ein vollkommen normales Leben gelebt, ich ging auf Feste, hatte Freunde und Freundinnen, ich war kein Einzelgänger. Und doch verschwand dieses Gefühl nie ganz. Wenn man jung ist, kann man nicht über solche Dinge sprechen, auch wenn sie einen beschäftigen. Und erst viel später, als ich schon ein paar Jahre Strafverteidiger war, habe ich langsam begriffen, dass es nicht nur mir so geht. Wenn zu einem Verteidiger Mandanten kommen, dann standen sie manchmal kurz zuvor an einem Abgrund, dort, wo alles, die Kultur, das Recht, die Ordnung, weggebrochen ist. Und wahrscheinlich liegt es daran, dass diese Menschen dem Anwalt mehr erzählen, als sie es sonst tun. Man sieht tiefer in sie. Und wenn man genau zuhört, begreift man, dass viele Menschen dieses Gefühl

teilen. Das Fremdsein und die Distanziertheit werden deshalb natürlich nicht weniger, aber es hat mich beruhigt, zu wissen, dass ich damit nicht alleine bin.

Warum fühlten Sie sich fremd?
Ich weiß es nicht. Vielleicht kommt es von meiner Kindheit. Ich bin in einem Haushalt aufgewachsen, der aus den fünfziger Jahren stammte, es gab zu viel Personal, keiner war richtig für uns Kinder zuständig. Später war ich auf einem Internat, dort war es ähnlich. Es war immer da, ein Grundgefühl der Distanziertheit und Leere. Es gibt einen Maler, der das gut ausgedrückt hat: Edward Hopper. Ich habe ihn erst spät für mich entdeckt, aber ich habe alle Szenen, die er gemalt hat, selbst erlebt. Ich kenne seine Situationen. Wie man mit einer Frau im Hotelzimmer sitzt und zum Fenster rausschaut und spürt, dass alles nicht stimmt und man einsam bleiben wird.

Ihr Großvater war der NS-Reichsjugendführer Baldur von Schirach. Kann Ihr Fremdheitsgefühl auch etwas mit Ihrer Familiengeschichte zu tun haben?
So ein Unsinn.

Macht das Schreiben Sie zufrieden?
Ich brauche nicht viel Schlaf, ich schreibe nachts, es ist still, niemand ruft an, der Kaffee ist gut und keine Unterhaltung nötig – ja, das ist wirklich so etwas wie Glück.

➦ FERDINAND VON SCHIRACH
wurde 1964 in München geboren. Seit 1994 arbeitet er als Anwalt und Strafverteidiger in Berlin. Er hat unter anderem das Politbüro-Mitglied Günter Schabowski vertreten. Seine beiden Erzählbände *Verbrechen* und *Schuld* erzählen in fiktionalisierter Form Fälle aus seiner Anwaltstätigkeit. 2011 erschien sein Bestsellerroman *Der Fall Collini*, der die milde Behandlung der NS-Täter durch die deutsche Nachkriegsjustiz thematisiert.

CORNELIA SCHLEIME
»Ich sagte, ich trete in den Hungerstreik«

⇒

DIE KÜNSTLERIN CORNELIA SCHLEIME ÜBER IHRE AUSREISE AUS DER DDR, DIE WERKE, DIE SIE DORT LASSEN MUSSTE, UND JENE, DIE SIE MITNAHM

25. August 2011
Das Gespräch führte Herlinde Koelbl
Foto von Herlinde Koelbl

Frau Schleime, Sie haben eine Friseurlehre gemacht, eine Punkband gegründet, Malerei studiert, Schmalfilme gedreht ... Sie haben viel experimentiert. Waren Sie auf der Suche nach etwas?
Das bin ich heute noch. Man sucht ja immer sich selbst, das hört nie auf. Was meine Ausbildung angeht, so war das sehr kalkuliert. Ich wollte Malerin werden, hatte aber kein Abitur, deshalb brauchte ich in der DDR eine Friseurlehre als Voraussetzung für ein Maskenbildnerstudium. Von da konnte ich dann in das Malereistudium wechseln. Als Malerin wurde ich mit einem Ausstellungsverbot belegt, deshalb gründete ich die Punkband. Als das Auftrittsverbot folgte, arbeitete ich in einer Keramikwerkstatt.

Aber auch später, im Westen, haben Sie sich nie eindeutig für die Malerei entschieden.
Ich versuche, für das, was ich erlebe und empfinde, eine Parabel zu finden. Das geht nicht immer in jedem Medium, deshalb muss ich hin und her switchen. Ich will auch oft ausbrechen, weil ich mich ganz schnell langweile. Ich habe einfach Hummeln im Arsch.

Und das Leben hier auf dem Land ist Ihnen nicht zu langweilig?
Nein, ich halte die Einsamkeit sehr gut aus. Ich brauche keine Anregung, weil in mir schon so viel ist. Hier kann ich diese Dinge endlich rausbringen. Komischerweise ist es mir auf dem Land auch nicht zu eng, eben weil ich hier meinem extremen Gestaltungstrieb nachgehen kann. Sonst fühle ich mich schnell eingesperrt. Ich mag keinen Mief, keine Regeln. Deshalb habe ich noch nie mit einem Mann unter einem Dach zusammengelebt. Ich war oft verliebt, ich hatte Beziehungen, aber dieses Eiapopeia mit einem Mann, der immer um mich ist, das passt nicht zu den Obsessionen, um die es mir in der Malerei geht.

Auch in der DDR fühlten Sie sich eingesperrt ...
Sie war piefig und eng. Ich stellte fünf Ausreiseanträge, zusammen mit meinem Freund. Ihn ließen sie gehen, mich ließen sie schmoren. Die Stasi wollte demonstrieren, dass sie auch eine Liebe kaputt machen kann. Dann stellte ich den Antrag, ihn heiraten zu dürfen, weil ich danach zu ihm hätte ausreisen können. Ich hatte schon das Hochzeitskleid nähen lassen, doch einen Tag vor der Hochzeit verweigerte man ihm die Einreise. Ich fühlte mich um meine Liebe betrogen, ich wurde depressiv. Das war ganz furchtbar.

Was hat Sie gerettet?
Die Absurdität der Stasi. Ich sagte zu meinem Freund am Telefon, dass ich es nicht mehr aushalte und etwas unternehmen müsse. Ich wollte in der Kirche, einem öffentlichen Ort, in den Hungerstreik treten – so lange, bis sie mich ausreisen ließen. Dieses Telefonat wurde abgehört, und plötzlich hieß es, ich müsse innerhalb von vierundzwanzig Stunden die DDR verlassen.

Das war 1984. Konnten Sie Ihre Bilder mitnehmen?
Ich kannte einen Diplomaten von der Ständigen Vertretung der Bundesrepublik in Ostberlin. Der bot mir an, im Auto zwei Kartons in den Westen zu bringen. Weil für einen Künstler immer die letzten Arbeiten die wichtigsten sind, habe ich meine Super-8-Filme eingepackt und die drei dicken Bildtagebücher. Eine Freundin machte

in der Nacht noch eine Liste aller Kunstwerke: Hunderte Ölbilder, Zeichnungen, Skulpturen. Die wollte ich später nachkommen lassen. Aber dann wurde die Wohnung aufgebrochen. Kleider, persönliche Fotos, mein künstlerisches Werk aus zehn Jahren – alles war weg. Vielleicht war das auch in gewisser Weise eine Rettung.

Inwiefern?
Ich hatte nur meine Filme und die Fotobücher. So bekam ich Kontakt zur Experimentalfilmszene in Westberlin. Und die Senatsstelle, die sich um Künstler aus der DDR kümmerte, vermittelte mich an das Kupferstichkabinett, das ein Bildtagebuch von mir kaufte. Bis dahin hatte ich nur Sozialhilfe bekommen. Vier Mark täglich für mich und meinen Sohn, den ich aus der DDR mitgebracht hatte. Vier Mark für Essen und Farben. Und dann bekam ich zehntausend Mark. Das brachte mir Sicherheit und Unabhängigkeit. Die Fotobücher und die Filme bewahrten mich auch davor, zu sehr auf die Malerei festgelegt zu sein. Ich will nicht nur deshalb attraktiv sein, weil ich viele Bilder verkaufe.

Trotzdem haben Sie jetzt angefangen, ein Motiv aus einem früheren Film zu malen?
Ja, eine gefesselte Frau. In dem Film hängt sie, in Binden gewickelt, an einer Tür. Für mich ist das eine Parabel für mein Eingesperrtsein. Im Film, der damals in der DDR entstand, schließt sie immer wieder die Augen. Jetzt, auf dem Bild, hat sie die Augen auf – eine Frau, die aus ihren Fesseln ausbrechen kann.

➡ **CORNELIA SCHLEIME**
geb. 1953, ist eine der bekanntesten deutschen Malerinnen. Außerdem arbeitet sie als Fotografin, Performerin und Autorin. Im Zuge ihrer Ausreise aus der DDR 1984 verschwand fast ihr ganzes bis dahin entstandenes Œuvre. 2011 erschien das von ihr illustrierte Buch *Lob der Torheit*.

DANIEL SHECHTMAN
»Meine Stärke rührt aus der Kindheit«

DER CHEMIKER DANIEL SHECHTMAN ÜBER SEINEN LANGEN KAMPF FÜR EINE ERKENNTNIS, DIE IHM 2011 DEN NOBELPREIS EINBRACHTE

8. Dezember 2011
Das Gespräch führte Louis Lewitan
Foto von Jack Guez

Herr Shechtman, erhalten Sie den Nobelpreis für Ihre eigene Entdeckung oder die vieler Wissenschaftler?
Ich sehe mich als Vertreter Tausender Forscher weltweit. Der Preis ist die Anerkennung für die Wissenschaft schlechthin.

Was genau haben Sie entdeckt?
Ich habe als Erster die Quasiperiodizität in Materialien entdeckt. Während alle zwischen 1912 und 1982 untersuchten Kristalle eine sich exakt wiederholende Ordnung aufweisen, haben die Quasikristalle eine sich niemals wiederholende Struktur. Das widerspricht allen vorher als gültig angenommenen Regeln der Kristallografie. Vor mir haben Wissenschaftler Hunderttausende Kristalle untersucht, aber niemandem ist das aufgefallen. Vielleicht bemerkten sie es und fanden es einfach zu kompliziert.

Sie bekommen den Nobelpreis für eine Entdeckung, die lange zurückliegt – fast 30 Jahre.
1982 war ich für einen Forschungsaufenthalt beim National Bureau of Standards in Maryland und untersuchte Aluminiumlegierungen. Ich weiß noch, es war der 8. April. Ich war alleine und hatte eine Metalllegierung unter dem Elektronenmikroskop, da fiel mir die fremd-

artige Struktur zum ersten Mal auf. Ich habe alles selbst vorbereitet und analysiert. Später haben mich viele Wissenschaftler unterstützt und eine wesentliche Rolle gespielt, auch einige Kollegen aus Deutschland.

Haben Sie Ihren Fund gleich mitgeteilt?
Ich habe meinen Kollegen sofort über meine ungewöhnliche Entdeckung berichtet. Ich sagte: »Es ist zwar ein Kristall, aber es entspricht nicht dem Muster echter Kristalle.« Ich wusste gleich, es war etwas Besonderes – aber ich wusste nicht, warum.

Wie haben Ihre Kollegen reagiert?
Mein Gastgeber John Cahn meinte: »Danny, da steckt was dahinter, finde es raus!« Andere Kollegen meinten, ich redete Unsinn. Mein Gruppenleiter legte mir ein Lehrbuch auf den Schreibtisch und sagte: »Lies das! Dann wirst du verstehen, dass das nicht sein kann.« Ich erwiderte, dass ich als Professor an der Technischen Universität in Haifa dieses Buch selbstverständlich kenne, und fügte hinzu, meine Beobachtung sei etwas Außergewöhnliches. Dann kam der Tag, an dem derselbe Wissenschaftler mir mitteilte: »Du bist eine Schande für meine Gruppe, ich möchte, dass du gehst.« Er hatte wohl Angst um seinen Ruf.

Weshalb wollte die etablierte Wissenschaftsgemeinde von Ihrer Entdeckung nichts wissen?
Bis 1987 erkannten die meisten Wissenschaftler, insbesondere der harte Kern der Kristallografen, sie nicht an, weil unsere Ergebnisse aus der Elektronenmikroskopie stammten. Unsere Kristalle wiesen nur die Größe eines Tausendstelmillimeters auf.

Wer war Ihr größter Gegner unter den Wissenschaftlern?
Professor Linus Pauling, der Vorsitzende der American Chemical Society. Er meinte, es gebe keine Quasiperiodizität. Eines Tages hielt er eine flammende Rede, während ich im Publikum saß. Er sagte: »Danny Shechtman redet Nonsens, es existieren keine Quasikristalle, nur Quasi-Wissenschaftler.«

Wie war es für Sie, von einem zweifachen Nobelpreisträger kritisiert zu werden?
Ich fühlte mich anfangs wie ein einsamer Wolf. Aber nach einer Weile gefiel mir dieser Kampf, weil er mich auf Augenhöhe mit dem großen Linus Pauling hob. Letztlich war ich mein größter Kritiker, nicht Pauling. Ich muss überzeugt sein, dass ich recht habe, in allem, was ich als Wissenschaftler tue.

Was gab Ihnen letztendlich die Kraft, nicht an Widerständen zu verzweifeln?
Ich bin ein sensibler Mensch und bin in emotionalen Filmen oft zu Tränen gerührt. In Konfliktsituationen bin ich jedoch sehr stark. Diese Stärke rührt aus meiner frühen Kindheit. Meine Eltern liebten und unterstützten mich. Ich habe daher genug Selbstvertrauen. Ich kann Dinge bewirken. Wenn Sie mich wie Robinson Crusoe auf einer einsamen Insel aussetzen und nach einem Jahr zurückkommen, werden Sie so etwas wie Zivilisation vorfinden.

Was bedeutet es Ihnen, Wissenschaftler zu sein?
Wissenschaft ist das ultimative Spiel für Erwachsene. Es befriedigt die Neugierde. Man geht morgens zur Arbeit, um partout etwas herauszufinden. An der Universität können wir Wissenschaftler tun, was wir wollen, das ist die akademische Freiheit. Wir können sogar täglich vierzehn Stunden arbeiten, inklusive der Wochenenden. Nur meine Frau und die Kinder sind dann vielleicht mal sauer auf mich. Wissenschaft ist etwas Wunderbares für Menschen, die Freude am Spielen haben.

➡ **DANIEL SHECHTMAN**
1941 in Tel Aviv geboren, ist emeritierter Professor an der Technischen Universität von Haifa. Anfang der achtziger Jahre entdeckte er neuartige kristallähnliche Stoffe, sog. Quasikristalle. Sie werden bei der Herstellung von Operationsbestecken und zur Beschichtung von Bratpfannen verwendet. 2011 erhielt er den Nobelpreis für Chemie.

MARTIN SUTER
»Für meine kleine Tochter lebt ihr Bruder noch«

**MARTIN SUTER ÜBER DEN TOD
SEINES DREIJÄHRIGEN ADOPTIVSOHNS**

11. Februar 2010
Das Gespräch führte Ijoma Mangold
Foto von Stefan Nimmesgern

Herr Suter, Sie waren den größten Teil Ihres Lebens ein sehr erfolgreicher, ja berühmter Werber. Warum wurden Sie Schriftsteller?
Seit ich sechzehn war, wollte ich Schriftsteller werden, aber Werber war eine sehr komfortable Art, Geld zu verdienen. Ich hatte früh einen Namen als Texter, und das gab mir die Möglichkeit, in ein paar Tagen so viel Geld zu verdienen, dass ich dann Wochen davon leben und zum Beispiel schreiben konnte. So war es lange ein Hin und Her, und ich bin immer wieder in die Werbung zurückgegangen. Dann ging es irgendwann der Firma, an der ich beteiligt war, so schlecht, dass ich vor der Entscheidung stand, noch einmal zur Bank zu gehen und Geld aufzunehmen, um die Kapitalerhöhung mitzumachen, oder auszusteigen. Und da habe ich gesagt: »Nein, wenn du wirklich Schriftsteller werden willst, dann musst du das jetzt konsequent umsetzen.«

Erleben Sie es als versäumte Zeit, dass Sie erst so spät, mit fast fünfzig Jahren, Ihren ersten Roman geschrieben haben?
Nein, ich bin froh, dass das Leben anders entschieden hat. Mit zwanzig oder dreißig hätte ich Bücher geschrieben voller Wortspiele, damals war ich so sprachverliebt, das wäre nicht gut gegangen. Es hätten den Büchern die Lebenserfahrung und die überzeugenden Bilder gefehlt.

In der Welt der Businessclass gilt der Anspruch, dass man sein Leben im Griff hat und seine Pläne verwirklicht.
Ja, aber meine Romanfiguren sind alles Leute, denen das Leben zustößt. Ich habe die Erfahrung gemacht, dass man sehr wohl das Gefühl haben kann, das Leben im Griff zu haben, dass aber die wichtigen Entscheidungen nicht durch einen selbst, sondern durch das Leben getroffen werden. Ich weiß nicht, ob ich wirklich den Schritt zum Schriftsteller gemacht hätte, wenn nicht die Verhältnisse mich mit so einem deutlichen Zeigefinger zu einer Entscheidung gezwungen hätten.

Darf ich Sie fragen: Sie haben im vergangenen Jahr Ihren dreijährigen Adoptivsohn auf tragische Weise verloren. Wie kann das Leben danach weitergehen?
Ich weiß es nicht ... Ich bin da hilflos ... Ich habe einen neuen Roman angefangen, an dem ich fieberhaft schreibe ... Jemand hat mir einmal gesagt, der Körper könne immer nur mit einem Schmerz umgehen. Wenn man ein Bein und einen Arm gebrochen hat, dann spürt man den Schmerz entweder im Arm oder im Bein. Und vielleicht hat man im Kopf auch nur Platz für einen Gedanken. Das heißt, wenn ich schreibe, dann gelingt es mir, für diesen Moment den Gedanken an meinen Sohn zur Seite zu schieben. Ich selber kann den Schmerz nicht verdrängen, aber ein anderer Gedanke kann dies tun. Also suche ich nach anderen Gedanken und schreibe relativ konzentriert.

Das heißt, der Roman handelt nicht von dem, was Ihnen zugestoßen ist?
Nein. Ich habe das nie gemacht: Autoren, die ihre eigenen Probleme in Romanen aufarbeiten. Ich möchte das trennen, und ich hoffe, es fließt nicht zu viel davon hinein.

Ist dieser Schicksalsschlag etwas, das Ihr Leben in zwei Hälften teilt?
Ja, ja. Ich war ein ziemliches Glückskind. Es ist mir nicht alles, aber doch vieles gelungen. Der Tod meines Sohnes war ein Schlag aus dem Hinterhalt. Es wird nie wieder so sein wie früher. Ich glaube

nicht, dass man das verwinden kann. Es bleibt eine offene Wunde, an die man sich vielleicht gewöhnt, die aber nie verheilen wird. Ich kann zwar wieder lachen, und es gibt Momente, in denen ich mich unbeschwert fühle, aber sie sind kurz. Es ist ein Wendepunkt, aber ich weiß nicht, ob es ein Wendepunkt ist wie in einer literarischen Struktur, der irgendwo hinführt. Ich weigere mich auch, einen Nutzen daraus zu ziehen, es soll mir oder meiner persönlichen Entwicklung in keiner Weise helfen. Ich will dem keinen Sinn geben. So fühle ich jetzt, und ich glaube nicht, dass das weggeht.

Würden Sie sagen, da gibt es keine Rettung?
Es gibt eine Rettung: Wir haben eine kleine Tochter, die mich und meine Frau weiterhin auf Trab hält. Die hat einen anderen Umgang damit. Sie ist auch dreieinhalb, wie ihr Bruder. Sie bezieht ihn in alle ihre Spiele ein, er lebt für sie weiter. Wir wohnen ja an drei Orten, und überall steht sein Bettchen noch. Aber im Hotel in den Winterferien war es weg. Das konnte sie nicht ganz verstehen. Das ist eine ganz andere Art, damit umzugehen – und ich weiß nicht, ob das uns hilft oder es schwerer macht, auf alle Fälle hindert es uns daran, ihn aus dem Leben zu verdrängen. Er ist immer da.

MARTIN SUTER
geboren 1948 in Zürich, ist Schriftsteller. 2009 starb sein Adoptivsohn Antonio, als er sich beim Essen verschluckte und erstickte. Suter lebt mit seiner Frau und seiner Tochter in Spanien und Guatemala. Zuletzt erschien von ihm der Roman *Die Zeit, die Zeit*.

MICHAEL TRIEGEL
»Der Altar zwang mich fast zum Kniefall«

PAPST-MALER MICHAEL TRIEGEL ÜBER DAS ERLEBNIS, DAS AUS IHM EINEN KÜNSTLER MACHTE

9. Juni 2011
Das Gespräch führte Ijoma Mangold
Foto von Stefan Nimmesgern

Herr Triegel, Sie sind im vergangenen Jahr auf einen Schlag bekannt geworden, weil Sie im Auftrag der katholischen Kirche ein Porträt des Papstes gemalt haben. Sind Sie gläubig?
Ich bin noch immer ungetauft. Manchmal überlege ich zwar, ob ich wohl noch mal eine Erleuchtung habe, aber ich glaube, das ist eher unwahrscheinlich. Meine Beziehung zur Religion ging über die Kunst: Caravaggio, Raffael. Ich fühle mich vom Katholizismus ästhetisch angesprochen. Der Protestantismus mag die bessere Musik haben, der Katholizismus hat die besseren Maler hervorgebracht.

Sie haben, vermute ich, auf dem Markt der religiösen Malerei wenig Konkurrenz?
Ja, das stimmt. Im Sinne des Kapitalismus könnte man sagen: ein Alleinstellungsmerkmal, hervorragend, welch eine Chance! Aber so habe ich ja nicht zu meiner Kunst gefunden. Ich bin in der DDR aufgewachsen und hatte mich noch vor dem Mauerfall an der Leipziger Kunsthochschule beworben, musste dann aber erst zur Armee. Als das Studium begann, war die Mauer gefallen, und an der Hochschule herrschte große Verunsicherung. Es hieß nun: Du kannst doch nicht figürlich arbeiten, wir müssen jetzt auch modern sein! Mit Moderne meinten sie das, was der Westen vierzig Jahre vorher gemacht hatte. Malen wie Jackson Pollock im New York der fünfziger Jahre ...

Aber dann kam ja schon bald die weltweite Begeisterung für die gegenständliche Malerei und für die Leipziger Schule.
Ja, manchmal hat man Glück. Aber es kommt noch etwas hinzu: Es mag auf den ersten Blick schräg erscheinen, zu malen wie die alten Meister. Aber ich habe manchmal das Gefühl, dass das, was unser altes Abendland ausmacht, uns so fremd geworden ist, dass wir es schon wieder wie etwas Frisches, Neues und eben Schräges wahrnehmen. Diese Erfahrung mache ich gerade hier im Osten, wo man kaum mehr durch die christlich-humanistische Bildung geprägt ist. Die Leute finden meine Sachen total abgedreht.

Was hat Sie geprägt?
So eine Art innere Widerstandsbewegung gegen das, was mich in der DDR pausenlos umgeben hat. Im sogenannten Philosophieunterricht wurde uns erklärt, wie grauenhaft Schopenhauer und Nietzsche seien. Was macht man da als Jugendlicher? Man lässt sich aus dem Westen Nietzsche schicken. Und wenn die Bibel die ganze Zeit zu etwas ganz Dummem erklärt wird, liest man natürlich die Bibel. Ich war nicht in der Jungen Gemeinde oder so. Es war eher das Prinzip: Das Gegenteil machen von dem, was erwartet wurde. Sich gegen die Dummheit und das Graue des Alltags abgrenzen.

Hatten Sie damals Fluchtgedanken?
Dass ich es dauerhaft in der DDR nicht aushalten würde, das war mir klar. Diese kleinbürgerliche Enge und Verlogenheit, dieser Opportunismus waren unerträglich. Diejenigen, die behaupteten, für eine bessere Welt zu kämpfen, waren die größten Spießer. Aber dann passierte etwas Merkwürdiges. Ich war 1989 nach eineinhalb furchtbaren Jahren aus der Armee entlassen worden und bin mit einem Freund nach Ungarn. Alle sagten zu mir: Wir wissen, wo die Grenze offen ist nach Österreich, geh doch rüber! Aber ich hatte mich entschieden, erst mal mein Studium in Leipzig anzutreten. Und als ich mich nach der Wende in Rom an der Kunsthochschule umguckte, stellte ich fest, wie provinziell dort alles war. Da begriff ich, dass ich in Leipzig bleiben muss, um das Handwerk richtig zu lernen.

War die Romreise eine Enttäuschung?
Nein, im Gegenteil. Ich hatte tausend Mark von Tanten und Onkeln aus dem Westen gekriegt und bin im Mai vor der Währungsunion nach Italien gefahren und hatte da wirklich so im Goetheschen Sinne meine zweite Geburt. Vor dem Hochaltar von Il Gesù zu stehen und zu sehen, welche Wirkung davon ausgeht! Er zwang mich fast zum Kniefall. Da habe ich erst die kultische Funktion der Kunst begriffen. Hätte ich dieses Erlebnis nicht gehabt und nur in der DDR studiert, es wäre vielleicht eine tote Kunst geworden, eine Kunst um der Kunst willen. Rom war für mich eine Art Rettung.

Diese kultische Funktion der Kunst gibt es aber heute nicht mehr.
Das stimmt. Man könnte zynisch sein und sagen, im Spätkapitalismus ist halt das Geld der Kultus, und deswegen ist es nur logisch, wenn die Kunst dem dient und sich nur über Preise definiert. Aber ich finde, so ein utopisches Prinzip kann doch nicht schaden. Ein Erlösungsmythos durch einen gütigen Vater scheint mir besser zu sein, als erlöst zu werden durch die Steigerung der Produktivität.

➡ **MICHAEL TRIEGEL**
wurde 1968 in Erfurt geboren. Von 1987 bis 1995 studierte er Malerei an der Kunsthochschule in Leipzig, seine Bilder erinnern an die Werke der italienischen Renaissance. In diesem Stil porträtierte Triegel 2010 Jahr Papst Benedikt XVI. im Auftrag des Bistums Regensburg.

JAN VOGLER
»Die Wende kam, als es gefährlich wurde«

DER CELLIST JAN VOGLER ÜBER SEIN LEBEN IN DER DDR UND EINE UNVERMUTETE KRISE 1989

26. Mai 2011
Das Gespräch führte Louis Lewitan
Foto von Stefan Nimmesgern

Herr Vogler, wie ist Ihre Liebe zum Cello entstanden?
Meine Eltern sind Musiker, mein älterer Bruder spielt Geige. Ich war als Kind klein und pummelig, und da hat man gesagt, der ist richtig fürs Cello. Ich habe sehr schnell eine große Liebe zu diesem Instrument entwickelt, und mit etwa acht Jahren war mir klar, dass ich das als Beruf machen möchte.

Von Cellisten heißt es, sie seien melancholisch. Trifft das auch auf Sie zu?
Ich fühle mich meistens glücklich und optimistisch, aber die große Stärke des Cellos liegt in seiner Bandbreite der Stimmungen, von Glückseligkeit bis hin zu Traurigkeit. Im Klang des Cellos ist oft eine Farbe an der Grenze zwischen Glück und Melancholie. Das hat mich immer gereizt, ich finde diese Welt sehr attraktiv.

Die meisten Menschen meiden diese Seiten des Lebens. Sie suchen ihre Nähe?
Ja, ich finde es schön, die ganze Breite der Stimmungen für den Beruf zu nutzen. In der Kunst erlaube ich mir, abzudriften. Wenn es mir gelänge, die dunklen Seiten in der Kunst zu belassen, wäre ich sehr zufrieden.

Sie sind in der DDR aufgewachsen. Wie sehr hat Sie das geprägt?
Ich komme aus einer behüteten, intellektuellen Familie, die gegen den Staat eingestellt war. Mein Vater konnte nicht Professor werden, wir hatten lange kein Telefon, dafür aber hatten meine Eltern eine tolle Bibliothek, wir waren als Teenager jeden Tag im Theater oder im Konzert. Wir wussten, mit der Politik muss man vorsichtig sein, wir haben sie ausgeblendet. Der Fokus auf die Musik und das intellektuelle Leben war für mich ein Glücksfall.

Auch eine Art innerer Emigration?
Absolut. Mein Vater, eine sehr starke Persönlichkeit, ist Cellolehrer. Er hat uns gesagt, wenn ihr Musiker werdet, könnt ihr in diesem System überleben. Ihr könnt reisen, ihr müsst nicht in die Partei eintreten, ihr seid in einer Welt zwischen den Welten. Er hat aber auch gesagt: Ihr müsst die Besten werden.

Mit zwanzig Jahren wurden Sie dann Konzertmeister an der Staatsoper in Dresden.
Das war das Beste, das man in der DDR als Musiker werden konnte. Ich stand plötzlich auf eigenen Füßen, hatte eine Einraumwohnung in Dresden-Gorbitz. Ich konnte mich in aller Ruhe der Musik widmen, alle Opern von Strauss, alle Symphonien von Beethoven einstudieren. Dann kam 1989, für mich das wichtigste Jahr in meinem Leben.

Wie war das für Sie?
In der zerbröckelnden DDR hatte ich als Solist auf einmal die Chance, in den Westen zu reisen, zu einem Festival von Rudolf Serkin nach Vermont. Dort war ich mit den größten Musikerkollegen zusammen. Ich war dreiundzwanzig Jahre alt, ein fantastischer Sommer. Plötzlich war ich in dieser wahnsinnig reichen Welt, auch musikalisch. Danach setzte ich beim Ministerium für Kultur durch, in der Schweiz für ein Jahr bei Heinrich Schiff studieren zu dürfen. Diese Erfahrungen haben mich stark verunsichert, ich kam in eine Krise. Ich war eigentlich eher ruiniert, als dass mir geholfen war.

Ruiniert?
Ja, ich merkte, dass es nur in meiner zusammengezimmerten Welt ausreichte, bestimmten Anforderungen zu genügen, dort, wo ich alles perfekt beherrschte. Durch die Begegnung mit der neuen Vielfalt und diesen Persönlichkeiten geriet alles ins Wanken. Auf einmal wusste ich nicht mehr, was richtig und falsch ist.

Wie machte sich das bemerkbar?
Ich stellte fest, dass mein eigentlich solides Selbstbewusstsein bröckelte. Mein Instinkt war weg. Ich war nicht mehr sicher. Auch am Cello. In der traditionellen deutschen Celloschule hatte ich gelernt: Wenn du diese Note so spielst, dann ist es richtig und toll, wenn du sie anders spielst, ist es falsch, dann ist das ganze Stück ruiniert. Das war natürlich relativ einfach für einen jungen Musiker, ich musste nur meine ganze Kraft dieser Art des Partiturverständnisses widmen. Die Frage kam hinzu: Soll ich emigrieren, also im Westen bleiben? Meine Eltern hatten gesagt, das kannst du ruhig machen, wenn du das richtig findest.

Ihre Eltern waren einverstanden?
Absolut. Mir war natürlich klar, dass ich sie aller Voraussicht nach nie wiedersehen würde. Ich hatte dieses Mordsglück, dass die Wende genau in dem Moment passierte, wo es für mich wirklich gefährlich wurde. Es ist immer so: Ein Stückchen den Horizont erweitern reicht nicht – ganz oder gar nicht! Die Wende war meine Rettung, für mich und viele andere. Es hätte für mich keinen glücklicheren Zeitpunkt geben können. Ich konnte die neue Freiheit in Ruhe verdauen und für meine musikalischen und beruflichen Pläne nutzen.

➡ **JAN VOGLER**
wurde 1964 in Berlin geboren. Bereits mit zwanzig Jahren wurde er erster Konzertmeister Violoncello der Staatskapelle Dresden, seit 1997 tritt er nur noch als Solist auf. 2009 wurde er Intendant der Dresdner Musikfestspiele. Vogler lebt mit seiner Frau und zwei Töchtern in Dresden und New York.

ANNE WEBER
»Der Wind fegte alle Bitterkeit weg«

**DIE SCHRIFTSTELLERIN ANNE WEBER
ÜBER EIN MITTEL, DAS IHR GEGEN LIEBESKUMMER HALF:
LANGE SPAZIERGÄNGE AM TOSENDEN MEER**

14. Dezember 2011
Das Gespräch führte Ijoma Mangold
Foto von Stefan Nimmesgern

Frau Weber, Sie leben seit Langem in Paris und schreiben sowohl auf Deutsch wie auf Französisch, mal in der einen, dann in der anderen Sprache. Würden Sie sagen, Ihre Bücher haben jeweils einen unterschiedlichen Charakter?
Ja, natürlich. Da ist einerseits der Geist der Sprache und andererseits mein eigener. Das sind zwei Sturköpfe, die aneinandergeraten. Wenn ich französisch schreibe, habe ich mit dem für Deutsche einschüchternden Charakter der französischen Kultur zu tun, mit ihrem hohen Grad der Verfeinerung und Eleganz. Ich komme mir in der französischen Sprache oft vor wie ein deutscher Panzer, der durch einen französischen Garten fährt. Mit dem Deutschen hingegen habe ich einen anderen Zwist. In der Muttersprache haben die Wörter ein anderes Gewicht, sie wiegen schwerer. Ich muss eher versuchen, mich dem Gewicht mancher Wörter zu entziehen.

Der französischen Kultur sagt man Esprit und Leichtigkeit nach. Das sind aber Eigenschaften, die ich in allen Ihren Büchern wiederfinde. Sie gewinnen dem deutschen Satzbau viel Leichtigkeit ab.
Ich habe wohl trotzdem noch etwas von der berühmten deutschen Schwere. Aber natürlich geht mir der französische Esprit manchmal

auch auf die Nerven: das Höfische, das Förmliche, das Effekthascherische. Andererseits ist die Leichtigkeit eine Form der Höflichkeit, die ich bei den Franzosen angenehm finde: Die Höflichkeit verlangt, dass man den Dingen etwas von ihrer Tragik und Schwere nimmt, um den anderen nicht damit zu belasten.

Diese deutsche Kolumne weiß sich einem schweren Thema verpflichtet: Gab es in Ihrem Leben einen Moment der Rettung?
Ich glaube, es gab nur eine Situation, von der ich wirklich sagen kann: Das hat mich gerettet. Das Unheil war in meinem Fall ein plötzliches. Es war eine dieser Situationen, bei denen man meint, der Boden werde einem unter den Füßen weggezogen. Es war mehr als nur ein Liebeskummer, es war etwas Schockartiges, ein Sturz in die Tiefe.

Ist Ihnen schweres Liebesleid zugestoßen?
Ja, aber hier soll es ja nicht um einen Schiffbruch, sondern um eine Rettung gehen. Es war jedenfalls ein Absturz, der alles, worauf ich gebaut hatte, was ich für sicher hielt, zusammenstürzen ließ. Ich habe dem einzigen Drang, den ich noch hatte, nachgegeben und mich in eine absolute Einsamkeit begeben. Gegen alle guten Ratschläge, die einem sonst in solchen Situationen gegeben werden. Stattdessen habe ich in einem Küstenort in der westlichen Bretagne ein Zimmer gemietet, ich war ganz auf mich gestellt. Das Zimmer war nicht besonders hell, es war klamm und kalt. Die Leute waren zu mir als einer Auswärtigen auch nicht sonderlich freundlich am Anfang. Trotzdem empfand ich schon auf den ersten Spaziergängen ein Glücksgefühl, das von der Landschaft kam. Immer wieder bin ich stundenlang die Küste entlanggelaufen und hatte das Gefühl, dass ich mit jedem Schritt meiner Rettung näher kam.

Die Landschaft hat Sie gerettet?
Es war die Luft, der Wind, der alle Bitterkeit, die in mir steckte, wegfegte. Das Dröhnen der Wellen hat die bösen Stimmen, die noch in mir waren, übertönt. Es gibt natürlich noch andere schöne Gegenden auf der Welt, auch lieblichere, mit weniger Regen. Ein Spazier-

gang an dieser Ecke der bretonischen Küste hat mehr mit Kampf zu tun als mit Lustwandeln. Aber genau das tat mir gut. Eine liebliche Mittelmeerlandschaft hätte mich nicht in derselben Weise getröstet. Das Klima hatte etwas Aufrüttelndes. Ich habe in dieser Zeit so gut wie nicht geschrieben. Ich bin stundenlang gelaufen, um dann erschöpft in mein Zimmer zurückzukommen. Und dann bin ich abends gleich wieder los, am Hafen entlang zum offenen Meer. Die milderen Abendfarben haben mich vollends besänftigt.

Wie lange dauerte Ihre Natur-Kur?
Eineinhalb Jahre. Die ersten sechs Monate war ich am Stück dort.

Und die Einsamkeit war nie bedrückend?
Jedenfalls war sie nie bedrückender, als sie es hier in Paris gewesen wäre. In der Stadt fühlt man sich viel einsamer als auf dem Land. Eine gute Freundin sagte mir dann, mein Leben in der Bretagne erinnere sie an eine Rosamunde-Pilcher-Verfilmung, da sitzt eine Schriftstellerin in einem einsamen Haus am Meer, schreibt und sieht den ganzen Tag auf die Brandung. So ist das: Ungewollt steckt man plötzlich in einem Klischee, in einer Pose. Aber das Klischee hat meine Rettung nicht verhindern können.

➤ **ANNE WEBER**
wurde 1964 in Offenbach geboren. Mit neunzehn zog sie nach Paris und studierte dort Literatur, seitdem lebt sie in Frankreich. Sie arbeitete als Lektorin und ist bis heute als Übersetzerin tätig. 1999 debütierte sie mit dem Kurzgeschichtenband *Ida erfindet das Schießpulver*. Ihre Prosaarbeiten wurden mit zahlreichen Preisen ausgezeichnet. 2011 erschien *August – Ein bürgerliches Puppentrauerspiel* über Goethes Sohn August.

ANGELA WINKLER
»Meine Mutter hat sehr geholfen«

ANGELA WINKLER ÜBER DIE GEBURT IHRER TOCHTER, EINES MÄDCHENS MIT DOWNSYNDROM

21. Juli 2011
Das Gespräch führte Ijoma Mangold
Foto von Harald Hoffmann

Frau Winkler, Sie sind zusammen mit Ihrer Familie viel umgezogen. Hat das etwas mit innerer Unrast zu tun?
Nein, mein Leben ist so. Ich begebe mich gern in neue Situationen. Ich gehe immer an Grenzen. Ich habe einen Mann, der genauso tickt: Wenn es zu gemütlich wird, gehen wir weg. Was ich nicht mag, ist Trott. Mein Mann ist Bildhauer, und er verspürt dieses Bedürfnis nach Wechsel noch viel mehr als ich. Aber ich habe das zusammen mit unseren vier Kindern immer gerne mitgemacht. Wir sind alle sieben Jahre umgezogen, haben ein altes, verfallenes Haus wiederhergerichtet, und wenn die Ruine renoviert war, sind wir weitergezogen. Ich führe ein experimentelles Leben. Heute reden alle nur von Sicherheit, aber was bedeutet schon Sicherheit, wenn doch schon morgen alles aus sein kann?

Andererseits, so sieht es aus, führen Sie ein ziemlich stabiles Leben. Sie sind seit achtunddreißig Jahren mit ein und demselben Mann zusammen. Das können heute ja nicht mehr viele von sich sagen.
Es war eben immer abenteuerlich mit meinem Mann. Es hat mich nie gelangweilt mit ihm, es gab immer Überraschungen. Wir haben aber nie geheiratet. Ich wollte das nicht, denn meine Eltern hatten

so eine wunderbare Liebe, und da habe ich immer gedacht: So was schaffe ich ja eh nicht. So eine Treue. Gut, was heißt treu? Ich hatte auch meine Lieben während dieser achtunddreißig Jahre, war auch schon mal verliebt, logisch, aber immer war klar: Wigand ist mein Mann. Und das wird er auch bleiben, bis einer von uns hopsgeht.

Vielleicht war es doch das Vorbild der Eltern, das Ihnen Zutrauen gegeben hat?
Es ist eine Vertrauensgeschichte. Das Schlimmste in einer Beziehung ist, wenn das Vertrauen verloren geht. Dann geht auch die Liebe weg. Mein Mann und ich haben uns dieses Vertrauen erarbeitet. Man darf keinen Zwang ausüben. Als ich das erste Kind bekam, sagte ich mir: Eigentlich muss es so sein, dass ich immer den Koffer packen, das Kind auf den Arm nehmen und weggehen kann. Ich wollte meinen Mann nicht verantwortlich machen dafür, dass ich jetzt ein Kind geboren hatte. Manche Frauen sagen ja: Wenn ich das Kind fünf Stunden habe, dann musst du es auch fünf Stunden nehmen. So was habe ich nie gemacht. Ich war immer sehr selbstständig. Wenn man klammert, wird es schrecklich, das kriege ich ja von allen Seiten mit. Und deshalb habe ich auch dieses Heiratspapier nicht. Das ist ja auch nur so ein Weg, zu sagen: »Du gehörst zu mir, und wir unterschreiben das.«

Dabei hatten Sie und Ihre Familie sich einer großen Herausforderung zu stellen. Ihre Tochter Nele, sie ist heute neunundzwanzig Jahre alt, leidet am Downsyndrom.
Leiden möchte ich das nicht nennen. Ich spreche lieber von Gewinn. Natürlich kann ich nicht sagen: Ich bin froh, dass meine Tochter das Downsyndrom hat. Aber es ist ein Glücksfall, wenn man es mit einem solchen Menschen zu tun hat. Weil man dadurch bewusster an das Leben herangeht. Man nennt sie ja auch Sonnenkinder. Sie strahlen etwas aus, das der Menschheit guttut. Gehen Sie mal ins Theater RambaZamba in Berlin. Da arbeitet meine Tochter als Schauspielerin. Das ist großartig – und richtig professionelles Theater. Sorgen mache ich mir wegen ihres Herzfehlers. Das ist eine echte Behinderung, eine Krankheit, gegen die man ohnmächtig ist.

Was hat Ihnen die Kraft gegeben, diese Herausforderung anzunehmen?
Meine Mutter hat sehr geholfen, weil ich nach der Geburt gleich ein Angebot bekommen hatte von Andrej Wajda, *Danton* mit Depardieu. Da hat meine Mutter meine Tochter zu sich genommen.

Und es gab nicht auch einen Moment, in dem Sie dachten: o Gott, das schaffe ich nicht?
Doch. In der ersten Nacht nach der Geburt dachte ich: Jetzt ist alles aus. Jetzt ist das Leben nur noch traurig. Aber schon am nächsten Tag war mir klar: Das ist die neue Wirklichkeit, da muss ich jetzt durch. Ich habe ihr süße rote Sachen angezogen, bin aus dem Krankenhaus raus und habe beschlossen, sie zum süßesten Downsyndrom-Mädchen der Welt zu machen.

Und hat sie die Begabung zur Schauspielerin von ihrer Mutter?
Klar, Begabung kriegt man ja mit. Sie hat schon früh angefangen, Theater zu spielen. Wenn sie das Downsyndrom nicht hätte, wäre sie eine Schauspielerin auf vielen großen Bühnen.

➡ **ANGELA WINKLER**
wurde 1944 in Templin in der Uckermark geboren. Als Schauspielerin bekannt wurde sie 1975 in der Böll-Verfilmung *Die verlorene Ehre der Katharina Blum*. Sie lebte mit ihrem Mann Wigand Witting lange im Ausland, bevor sie nach Berlin zurückkehrte, wo sie heute Theater spielt. 2011 veröffentlichte sie die CD *Ich liebe dich, kann ich nicht sagen*. Angela Winkler hat vier Kinder.

EINE EINLADUNG

DER »ZEIT«-MUSEUMSFÜHRER
NOCH MEHR KUNSTSAMMLUNGEN IN DEUTSCHLAND –
MIT DEN GEHEIMTIPPS DER »ZEIT«-REDAKTEURE

288 Seiten, Klappenbroschur
mit zahlreichen Abbildungen
Format 13,5 × 21 cm
€ 19,95 (D) / € 20,60 (A)
ISBN 978-3-8419-0138-5

ZUM STAUNEN.

DER »ZEIT«-MUSEUMSFÜHRER
DIE SCHÖNSTEN KUNSTSAMMLUNGEN IN DEUTSCHLAND
Herausgegeben von Hanno Rauterberg

320 Seiten, Klappenbroschur
mit zahlreichen Abbildungen
Format 13,5 × 21 cm
€ 19,95 (D) / € 20,60 (A)
ISBN 978-3-8419-0021-0

MEHR WISSEN. MEHR ZEIT.

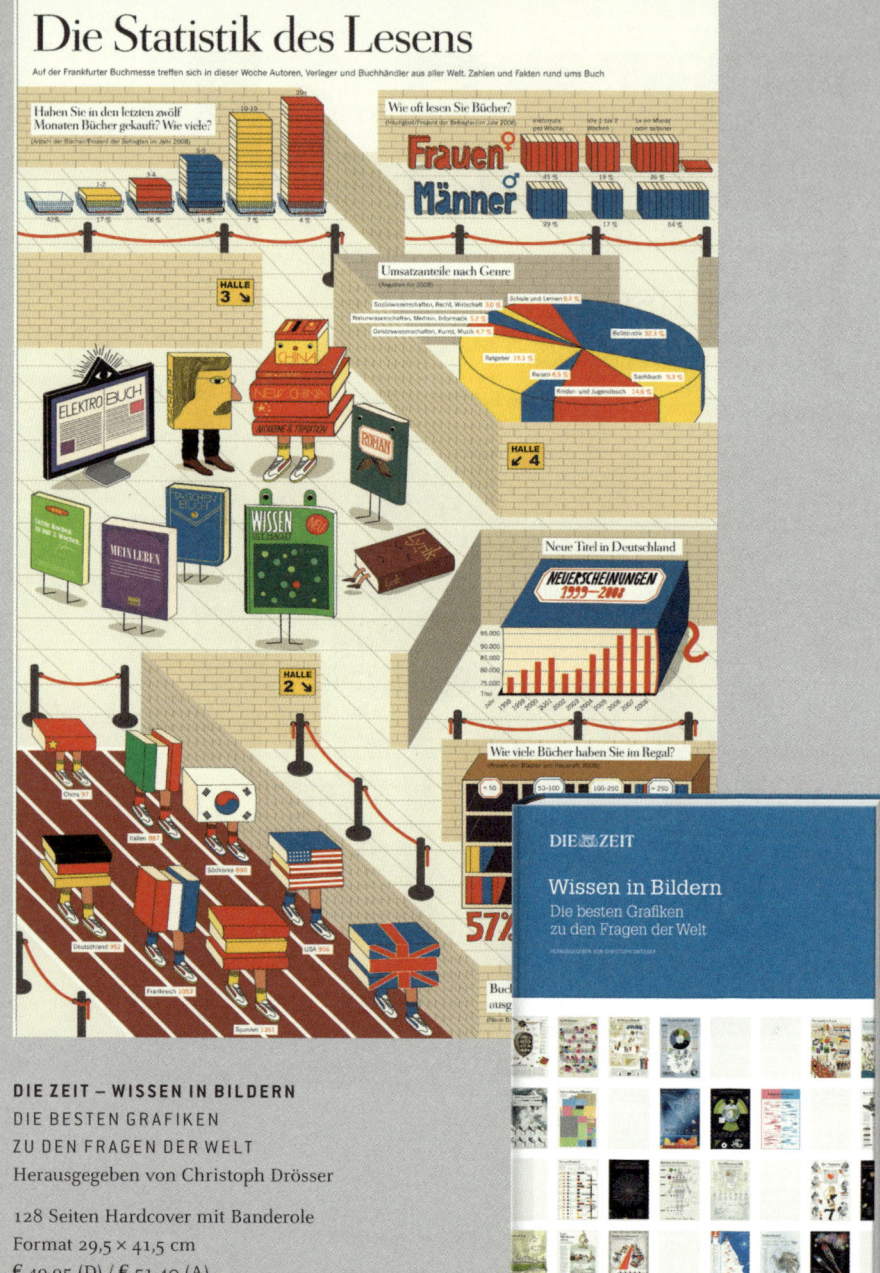

DIE ZEIT – WISSEN IN BILDERN
DIE BESTEN GRAFIKEN
ZU DEN FRAGEN DER WELT
Herausgegeben von Christoph Drösser

128 Seiten Hardcover mit Banderole
Format 29,5 × 41,5 cm
€ 49,95 (D) / € 51,40 (A)
ISBN 978-3-8419-0072-2

EIN BUCH ZUM TRÄUMEN.

ZEIT-MAGAZIN – ICH HABE EINEN TRAUM

280 Seiten, Hardcover mit Banderole
mit zahlreichen Abbildungen
Format 17 × 23,8 cm
€ 29,95 (D) / € 30,80 (A)
ISBN 978-3-8419-0176-7

© 2012 Edel Germany GmbH, Hamburg
www.edel.de

Text-Copyright © 2012 Zeitverlag Gerd Bucerius GmbH & Co. KG

Projektkoordination: Dr. Marten Brandt
Umschlagabbildungen: Herlinde Koelbl / Stefan Nimmesgern
Umschlaggestaltung, Layout und Satz: Groothuis, Lohfert, Consorten, Hamburg | www.glcons.de
Druck und Bindung: optimal media GmbH, Röbel

Alle Rechte vorbehalten. All rights reserved.
Das Werk darf – auch teilweise – nur mit Genehmigung des Verlages wiedergegeben werden.

Printed in Germany

ISBN 978-3-8419-0175-0